600 Répliques de films

à l'usage du quotidien

Philippe LOMBARD

600 Répliques de films

à l'usage du quotidien

DUNOD

Responsable d'édition : Ronite Tubiana
Édition : Florian Boudinot
Direction artistique : Élisabeth Hébert
Fabrication : Martine Pierron
Mise en pages de cette édition : Nord Compo

La première édition de cet ouvrage a été publiée en 2013
sous le titre *Répliques de films à l'usage du quotidien*
par les éditions Express Roularta.

11 rue Paul Bert, 92240 Malakoff
www.dunod.com

ISBN : 978-2-10-081410-7

En souvenir de mon père, qui savait placer avec
à-propos des répliques de films et de livres
dans la conversation.

Sommaire

Un ouvrage d'utilité publique

En couple, en famille ou au bureau, les occasions ratées de balancer une phrase bien sentie à qui de droit sont nombreuses. On n'a pas toujours l'inspiration sur le moment ou le talent nécessaire pour envoyer balader sa belle-mère ou son chef, déclarer sa flamme ou argumenter pour ne pas se marier. Ce livre va vous y aider. Il vous faudra parfois vous approprier les répliques en les adaptant à la situation et en remplaçant des noms, mais elles n'en seront que plus efficaces. Voyez-le comme un guide de survie en milieu hostile.

Quatre ans après la dernière édition, une mise à jour s'imposait. Trois cents nouvelles répliques viennent donc s'ajouter à cette anthologie de la répartie en béton armé. Des films vous seront peut-être inconnus, tout comme certains acteurs, mais dites-vous que vous avez de la chance, car ni les images ni les intonations ne viendront parasiter vos déclamations vengeresses. Évidemment, je décline toute responsabilité quant aux conséquences sur vos vies privées et professionnelles...

Remerciements

Merci à Ronite Tubiana d'avoir suggéré cette mise à jour (que j'attendais de pied ferme avec mon petit cahier de répliques qui ne cessait de se remplir depuis quatre ans).

Et merci aussi, pour les éditions précédentes, à Jean-Baptiste Gugès, Cyril Delavenne, Nathalie Riché, Manon Bucciarelli, Mickaël Grall, Ludovic Thiebeault, Luc Le Clech, Thibaut Chatel, Guillaume Galliot, mes parents, ma femme.

En approche amoureuse

Aborder **les femmes**

« Il y a quelque chose de slave en vous, qui me fascine.
– Ben, vous parlez ! Je suis née à Arcachon !
– Eh ben, c'est ça, quoi… Le brassage des races, les grandes invasions… On est tous un peu cousins, vous savez ! »

Michel Constantin et Mireille Darc dans
Plein les poches... pour pas un rond

« Bonsoir. J'ai remarqué que votre verre était presque vide, alors je me suis permis de vous amener un autre Martini blanc. Et je n'ai pas pu m'empêcher de remarquer que vous étiez le sosie de ma prochaine copine. »

David Wike dans
Hitch, expert en séduction

« Vous avez un côté russe, une héroïne russe.
– Dites pas de conneries, je suis bretonne à 100 %.
– C'est pareil. La Russie et la Bretagne, c'est des pays qui souffrent de climats pas du tout cléments, alors ils sont obligés de boire pour oublier. »

Benoît Poelvoorde et Isabelle Huppert
dans ***Mon pire cauchemar***

« J'ai une bonne nouvelle pour vous : vous dînez avec moi demain soir. »

Jean-Pierre Bisson dans
Association de malfaiteurs

« D'habitude avec les nanas,
je dépasse jamais
le diabolo-menthe
ou le jus de fruits mais avec
vous, le champagne
s'impose, et millésimé ! »

Maurice Biraud dans
Des pissenlits par la racine

Des pissenlits par la racine
Georges Lautner, 1964

« Mademoiselle, vous avez oublié quelque chose !
Vous avez oublié de me regarder ! Oh, mais regardez-moi,
n'est-ce pas extraordinaire ? Votre visage et le mien de profil
de camée, vous nous voyez côte à côte sur un médaillon ?
Mais il faudrait, je ne sais pas, fonder un foyer pour que
nos enfants nous ressemblent. Oui, un foyer, un grand feu,
avec de grands chiens couchés devant la cheminée ! »

Jean-Pierre Marielle dans ***Tendre voyou***

Donne-moi la main.
Tu veux m'épouser ?
– Vous êtes ridicule !
– Alors, on baise ?

Antonin Lebas-Joly et Ludmila Mikaël
dans ***Coup de jeune***

« Cette robe a beaucoup de chance d'être tombée sur vous. Ça, c'est de la drague. Si je vous dis que je viens de passer deux heures sans pouvoir détacher mon regard de vous, c'est un fait. Je vous trouve très attirante. »

Ryan Gosling dans ***Crazy, Stupid, Love***.

« Mais dis donc, toute cette beauté, elle est à toi seule ? Tu ne veux pas la partager avec moi ? »

Isaach de Bankolé dans ***Black mic mac***

« Alors, comment va celle qui va finir dans mon lit ? »

Daniel Auteuil dans ***Les Sous-doués***

“ Toi, tu as l'air d'une pâtisserie. (...) Attention à toi, j'aime beaucoup les gâteaux. ”

Pierre Fabre dans ***Domicile conjugal***

« *Tu as les mains les plus sexy que j'ai jamais vues. Tes phalanges sont bouleversantes.* »

Dudley Moore dans ***Les Fous de la pub***

« Ça ne se fait pas de regarder ainsi.
– Ça ne se fait pas d'avoir autant d'allure. »

Léa Seydoux et Daniel Craig dans ***007 Spectre***

007 Spectre
Sam Mendes, 2015

« Ta bouche dit non mais ton cerveau dit oui. »

Julian Barratt dans ***Mindhorn***

« Vos yeux sont merveilleux. Ils ont les reflets bleus des harengs du Mexique quand ils sont amoureux. Et je devine ici votre poitrine douce, plus ferme et plus sucrée que deux petits pamplemousses. »

Jean-Luc Bideau dans ***Et la tendresse, bordel ?***

Repousser **les dragueurs**

« Attends, je ne t'ai pas dit mon nom !
– Non, tu m'as pas dit ton nom ! »

Tye Sheridan et Sophie Turner dans ***X-Men Apocalypse***

« Je peux vous offrir un verre ? Un dîner ? (...)
– Écoutez, j'ai jamais passé une heure avec un gros con, vous avez une heure. On va où ? »

Nicolas Bedos et Ludivine Sagnier dans ***Amour et turbulences***

« Je te propose pas la love story, comme *La Route de Madison*, je te parle juste de devenir *sex friends*, comme on dit.
– Kathy, arrête, c'est gênant, ça.
– Enfin, si t'es gêné, tu t'allonges, tu fais rien, je m'occupe de tout. Non, mais, si tu préfères, on fait que du bucco-génital, y'a plein de choses à faire. C'est quand même dommage, parce que j'ai un périnée en béton. »

Elza Zylberstein et Franck Dubosc dans ***Les Têtes de l'emploi***

« Va te faire une chèvre ! »

Gerry Bednob dans ***40 ans, toujours puceau***

*« C'est marrant, on a les mêmes initiales, c'est rigolo, ça !
– Si on se marie, j'aurais pas à changer les monogrammes sur les bagages... »*

John Travolta et Karen Lyn Gorney dans ***La Fièvre du samedi soir***

« Elle est belle, elle est belle, elle est belle !
– Il est con, il est con, il est con ! »

Aldo Maccione et « une passante » dans ***Plus beau que moi tu meurs***

« Même si j'étais mourante ou au bord du suicide ou une femme complètement pétée sur une île déserte, vous seriez bien le dernier avec qui j'aurais envie de baiser ! »

Michelle Pfeiffer dans ***Scarface***

Fantasia chez les ploucs
Gérard Pirès, 1971

« Rembobine ta langue
ou tu vas mouiller ta chemise ! »

Mireille Darc dans ***Fantasia chez les ploucs***

**Je m'appelle Tony.
– Tony Stark, oui, je sais, j'ai vu votre nom sur l'immeuble.
– Et vous, vous êtes... ?
– Je suis... pas impressionnée.**

Marc Worden et Olivia d'Abo dans ***Les Vengeurs Ultimate***

Séverine, j'ai énormément envie de vous.
– Alors ça, c'est bête, moi non !

Murray Head et Annie Girardot dans ***La Mandarine***

« *Si tu savais comme tu m'intéresses, tu te fatiguerais pas tant.* »

Janie Marès dans ***La Chienne***

« Vous êtes le diamant que je cherchais
dans le marécage sordide de la nature humaine.
– Oh là là, stop, vous lancez pas dans la poésie.
Y'a des professionnels pour ça ! »

Michel Leeb et Chantal Ladesou dans ***Chacun sa vie***

« Ce que vous pensiez qui allait arriver n'arrivera pas, alors ne vous faites pas d'illusions parce que nous avons échangé quelques phrases. »

Michelle Pfeiffer dans ***Wolf***

« Je voudrais vous revoir.
Qu'est-ce que vous faites, tout à l'heure ?
– Je ne peux pas, désolé.
– Vous devez travailler ?
– Non, je prends mon jet privé pour aller à Saint-Moritz.
J'adore skier. »

Gene Wilder et Christine Lahti dans ***Chéri, dessine moi un bébé***

« Où on va ?
– Toi, de ton côté, moi, du mien. »

Terence Hill et Bud Spencer dans *Quand faut y aller, faut y aller*

Quand faut y aller, faut y aller
E. B. Clucher, 1983

« Je peux vous poser une question très personnelle ?
– Hein ? Ah… oui, si vous voulez.
– Qu'est-ce que vous avez pensé de moi la première fois que vous m'avez vu ?
– Sincèrement ? Rien. »

Philippe Khorsand et Marie-France Duhoux dans *Mes meilleurs copains*

« Je peux vous aider ?
– Oui, tu te casses ! »

Mona Jabeur et Gérard Lanvin dans *Bon rétablissement !*

« Je préfère me faire buter que de passer les prochaines trente minutes avec toi ! »

Kristen Wiig dans *Mes meilleures amies*

« Mais tu crois quand même pas que je vais danser avec un mec comme toi ? T'es nul, inexistant, tout ce que tu sais faire c'est me dévorer du regard avec tes yeux de cocker ! »

Miou-Miou dans *Tenue de soirée*

« Non mais, vous vous êtes vu ? (...) Vous avez tellement de pellicules qu'on dirait que c'est vous qui faites neiger dehors ! »

Victoria Bedos dans ***Cinéman***

« Tu veux me faire plaisir ?
– Sûr.
– Alors, va-t-en ! »

Dany Carrel et Pierre Brasseur dans ***Porte des Lilas***

« Je vais rêver que nous faisons chambre commune…
– Du moment que nous faisons rêves à part… »

Claude Brasseur et Agostina Belli dans ***Le Grand Escogriffe***

« Afin de vous éviter certains efforts de conversation, je vous signale que je suis blonde, que j'ai les yeux bleus et que je le sais. »

Michèle Morgan dans ***Pourquoi viens-tu si tard ?***

“Get out ! Ça veut dire “casse-toi, p'tit mec !””

Philippe Noiret dans ***On a volé la cuisse de Jupiter***

Faire une belle **déclaration d'amour**

« J'ai une question à te poser : crois-tu que, une fois qu'on sera réchauffé, séché et après qu'on ait passé quelque temps ensemble, crois-tu que tu accepteras de ne pas m'épouser et crois-tu que le fait de ne pas être marié avec moi puisse être quelque chose que tu envisagerais pour le restant de tes jours ? »

Hugh Grant dans ***Quatre Mariages et un enterrement***

Quatre Mariages et un enterrement
Mike Newell, 1994

« Princesse, tu es tellement douce que même le sel a le goût du sucre avec toi. »

Kurt Russell dans ***Boulevard de la mort***

« Je suis pas belle, j'ai tous les défauts de la terre…
– Heureusement que tu as des défauts. Heureusement. T'es un prototype, toi, c'est normal. Des fausses Marilyn, des fausses Bardot, y'en a plein les rues. Toi, t'es un modèle unique, alors la beauté, tu penses si on s'en tape. C'est toi qui l'inventes. »

Anémone et Gérard Jugnot dans ***Le Quart d'heure américain***

« Je me sens beaucoup mieux quand vous êtes là. Quand vous n'êtes pas là, j'ai l'impression que je vais tomber, que je vais partir en morceaux. Mais quand vous êtes là, je suis bien.
Je sais où je suis. Quand vous êtes là, je suis là. »

Benjamin Lavernhe dans ***Le Goût des merveilles***

Je t'aime.
– Moi aussi, je t'aime. On est des bons amis, t'inquiète pas, ça va rester de même.
– Non, tu comprends pas, je veux pas que ça reste de même. Je peux pas m'empêcher de te parler tous les jours. J'aime ça quand tu joues de la guitare, même si tu m'écoutes pas pendant que tu joues. Tes cheveux m'énervent mais bon, c'est juste des cheveux ! Et puis, tu tues les araignées. (...) Je t'aime plus que comme un ami, je t'aime pour de vrai.

Marianne Verville et Lou-Pascal Tremblay dans ***Aurélie Laflamme : les Pieds sur terre***

« Je voulais te dire... tu m'émeus... C'est pas un très joli mot, je ne sais pas comment te le dire autrement. Tu me touches... Quand je suis avec toi, je me sens triste et heureux. Et puis aussi, je me sens un peu honteux, comme si j'étais quelqu'un de pas bien et puis toi, quelqu'un de trop bien. D'ailleurs, des fois, quand je suis à côté de toi, je me dis qu'il faudrait que je prenne un bain. Voilà... Ah oui, et puis aussi, dès que tu t'en vas, tu me manques. »

Guillaume Depardieu dans ***Les Apprentis***

J'ai jamais eu envie de me marier. Normal, je t'avais pas rencontrée. Ça fait deux ans que t'es ma femme pour une nuit, il serait temps que tu sois ma femme pour la vie.

Jacques Gamblin dans ***Enfin veuve***

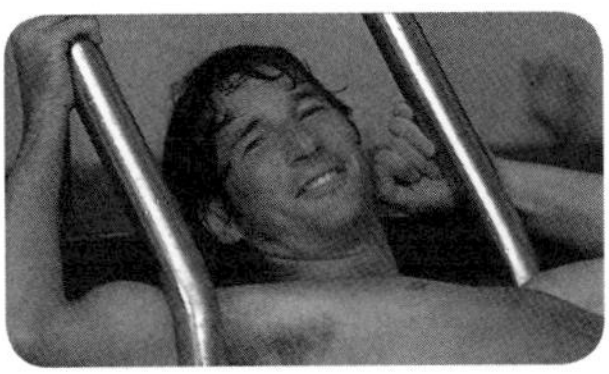

À bout de souffle made in USA
Jim McBride, 1983

« Je suis sur la Terre, je suis un humain et je t'aime. »

Richard Gere dans ***À bout de souffle made in USA***

« Je ne pourrais pas vivre sans toi. Comme je pourrais pas vivre sans oxygène ou sans cœur. Il n'y en a pas beaucoup des trucs vraiment vitaux, si tu réfléchis bien. »

Marc Lavoine dans ***Le Cœur des hommes***

« Moi, quand je te regarde, belle comme t'es,
dans ta boutique, avec tes ongles, avec tes bras,
tes beaux yeux, tes petits seins, tes cheveux
qui sentent bon comme quand tu sors
de la douche... eh ben, pour moi,
t'es une putain de princesse.
Ma princesse. »

Benoît Poelvoorde dans ***Narco***

« Je t'aime. Je t'aime, mon petit animal fier.
J'aime ton corps, j'aime ta chaleur, petite biche folle.
Je t'aime à en mourir ! »

Stephen Boyd dans ***Les Bijoutiers du clair de lune***

Stephen Boyd dans ***Les Bijoutiers du clair de lune***

« Janet, si tu étais un magazine, je prendrais un abonnement. (...) Je n'ai pas toujours pris d'abonnement dans le passé. J'allais au kiosque et parfois, j'achetais un numéro. Et parfois, je n'achetais rien mais Dieu sait que je veux m'y abonner. J'ai failli perdre ce merveilleux magazine et je me rends compte aujourd'hui que je l'adore ! Et je veux relire chaque article. Oh oui, chaque article, jusqu'aux petites annonces ! »

Rainn Wilson dans ***Bigoudis et permanente***

« Je t'aime d'une façon que ce n'est pas possible de le dire. Écoute-moi, Manon, tout le temps je te vois, tout le temps je te parle, quand je mange ça a pas de goût, le sommeil ça me l'a tué, alors si tu me veux pas, ou je meurs, ou je deviens flou ! »

Daniel Auteuil dans ***Manon des sources***

« Il y a une chose dont je suis sûr,
c'est que je vous aime, Scarlett.
En dépit de vous, de moi, et de ce monde
stupide qui s'effondre autour de nous,
je vous aime, parce que nous sommes pareils. (…)
Je vous aime plus que je n'ai jamais
aimé aucune femme.
Je vous ai attendu plus longtemps
que je n'ai jamais attendu aucune femme. »

Clark Gable dans ***Autant en emporte le vent***

Autant en emportent le vent
Victor Fleming, 1939

Précipiter le premier **baiser**

T'as de beaux yeux, tu sais.
– Embrassez-moi !

Jean Gabin et Michèle Morgan dans ***Le Quai des brumes***

« Donnez-moi un baiser. Après, on va rentrer ensemble, n'est-ce pas ? Et puis on ne coupera pas à cette tension, vous savez, celle du premier baiser. Et puis, je serai là à me demander s'il faut que je me jette à l'eau, oui ou non, alors allons-y maintenant, ça sera fait, et puis on ira dîner, d'accord ? Comme ça, la digestion sera meilleure. »

Woody Allen dans ***Annie Hall***

« Herbert, si vous ne me prenez pas immédiatement dans vos bras, je vais me mettre à hurler. »

Mary Steenburgen dans ***C'était demain***

« Si à 3, tu m'as pas embrassée, je crie "Au viol !" »

Fanny Cottençon dans ***Tête à claques***

« T'es quel signe ?
– Gémeaux.
– Gémeaux ? Ils mettent toujours du temps pour embrasser, les gémeaux… »

Virginie Cohen et Olivier Brocheriou dans
Quatre Garçons pleins d'avenir

Quatre Garçons pleins d'avenir
Jean-Paul Lilienfeld, 1997

En couple

Se disputer **avec sa femme**

« Allez, dis-moi la vérité : t'as couché avec lui ?
– J'ai pas couché avec lui ! Putain, y'a que ça qui t'intéresse ?
– Non, y'a la botanique aussi ! Mais là, en l'occurrence, oui, c'est ça qui m'intéresse ! »

Yvan Attal et Charlotte Gainsbourg dans ***Ma femme est une actrice***

« Tu as besoin de quelque chose ?
– Rien qui vienne de toi.
– Bon, ben, à plus tard !
– À jamais ! »

Rupert Evans et Ron Perlman dans ***Hellboy***

« Je dois reconnaître que tu es un sacré numéro.
– Oui, et toi, une sacrée ordure ! »

John Lithgow et Sylvester Stallone dans ***Cliffhanger***

« Mais tu es complètement folle, ma vieille !
– Ne me traite pas de folle, Michel !
– Y'a pas 36 000 solutions. Soit tu es folle, soit – pardonne-moi – tu es devenue conne ! »

Christian Clavier et Valérie Bonneton dans ***Une heure de tranquillité***

« Il y a un truc qui me ferait super plaisir, c'est que tu meurs ! »

Dany Boon dans ***Eyjafjallajôkull***

« Je sais pas pour qui t'es faite,
mais je sais pour quoi.
– Et pour quoi ?
– Pour emmerder l'autre,
pour le faire chier ! »

Fabrice Luchini et Camille de Casabianca dans ***P.R.O.F.S.***

P.R.O.F.S.
Patrick Schulmann, 1985

« Pour une fois dans ta vie, sois un peu raisonnable !
– J'ai essayé une fois et j'ai détesté. »

Gerry Bamman et Clint Eastwood dans ***Pink Cadillac***

« Tu me gonfles ! G comme Gérard, O comme Oscar. N comme Non-non-non-non-non, F comme Fiche-moi la paix ! et L comme La barbe ! »

Jean Rochefort dans ***Le Bal des casse-pieds***

« J'ai réfléchi, tu sais, mon biquet...
– Oh, ben voilà une nouvelle expérience ! »

Kim Novak et Tony Curtis dans ***Le miroir se brisa***

« J'essaie de me rendre utile !
– Ça n'a jamais servi à rien ! »

Harrison Ford et Carrie Fisher dans ***Star Wars VII : le réveil de la force***

J'ai une encyclopédie de reproches à te faire !

Martin Lamotte dans ***Coup de jeune***

« T'es vraiment pas sympa. Tu m'avais promis hier qu'on irait voir les dunes ensemble !
– Ça va ! Promis, promis… Toi, tu m'avais dit que tu grossirais pas. Tu vois, les promesses… »

Amandine Dewasmes et Philippe Lacheau dans ***L'Arnacœur***

« Il y a une chose que je vais te dire, et je te l'ai jamais dite jusqu'ici : je te trouve complètement conne ! »

John Travolta dans ***La Fièvre du samedi soir***

« Tu penses qu'à toi. T'es pas une fille égoïste, tu es l'égoïsme à toi toute seule. »

Jean-Paul Belmondo dans ***La Sirène du Mississippi***

« Comment tu fais pour dire autant
de conneries ? Tu prends des cours du soir ? »

François Cluzet et Judith Henry dans ***Les Apprentis***

« J'ai besoin de toi comme
d'un furoncle au cul ! »

Rose Gregorio dans ***Sanglantes confessions***

« T'es une vraie salope !

– Ça dépend de quel point de vue on se place.

– Si, si, je t'assure ! Y'a pas d'autre mot,

t'es une vraie salope ! »

Isabelle Carré et Valérie Bonneton dans ***Garde alternée***

« Cette place est pour les handicapés.

Tu ne peux pas te garer ici.

– Si, je peux. Je suis avec toi. »

Colm Feore et Patrick Huard dans ***Bon cop, bad cop***

Se disputer **avec son mari**

« T'es vraiment une salope !

– Eh bien, comme ça, on est deux ! »

Jérôme Commandeur et « une ex » dans ***Supercondriaque***

« Je m'ennuie, je m'ennuie tellement ! Je suis dans un caveau, tu m'as enterrée vivante et le jour où tu ouvriras mon cercueil, tu verras que je me serai retournée, que je me serai mangé les mains jusqu'aux poignets ! »

Catherine Frot dans ***Le crime est notre affaire***

« Qu'est-ce que c'est que ce savon que tu planques ?

– C'est pas pour toi, c'est du savon amincissant.

Te lave pas la bite avec, hein ! Déjà que… »

Patrick Bosso et Isabelle Doval dans ***Comme une bête***

« Excuse-moi, j'ai été égoïste, totalement idiot, insensible, un pauvre abruti, un rat, franchement je suis un bouffon, un bouffon !

– Je vais t'aider. Le mot que tu cherches, c'est connard. »

Thomas Ian Nicholas et Tara Reid dans ***American Pie***

« Tu connais l'expression "se comporter comme une merde" ?
– Oui.
– C'est ce que tu fais. »

Valérie Lemercier et Lionnel Astier dans ***Bienvenue à bord***

« Tu ne peux pas continuer comme ça, mais j'ai peur de ne pas pouvoir continuer non plus.
– Continuer quoi ?
– À passer toute la vie avec un homme résigné, un homme qui mijote jour et nuit comme un légume. »

Romy Schneider et Bernard Fresson dans ***Max et les ferrailleurs***

« J'avais oublié à quel point tu pouvais être irritant et désagréable, Steven. Un peu comme une coloscopie. »

Susan Spano dans ***Docteur Strange : The Sorcerer Supreme***

Docteur Strange : The Sorcerer Supreme
Frank Paur et Jay Oliva, 2007

« T'arriveras jamais à rien. T'es un minable.
– Je suis pas un minable, je traverse une période difficile !
– Ouais, c'est ça ! T'es un minable qui traverse une période difficile ! »

« Une fille » et Guillaume Depardieu dans… ***Comme elle respire***

« T'es radin ! T'es pire que ta mère ! Quand tu sors mille balles, t'en as le cœur qui saigne ! »

Jean Richard dans ***Du mouron pour les petits oiseaux***

“**Si tu cherches ton dîner, il est dans ton cul !**”

Charles Berling dans ***Le Correspondant***

« Mais en fait, t'as pas de couilles, c'est ça ? Quand tu fais du shopping, va t'acheter des couilles ! »

Maïwenn dans ***Le Bal des actrices***

« Quand je te regarde manger, quand je te regarde dormir, dès que je suis en ta présence, j'ai envie de te mettre ma main sur la figure ! »

Kathleen Turner dans ***La Guerre des Rose***

« Je hurle pas ! Je parle fort ! »

Alexandra Lamy dans ***Cherche fiancé tous frais payés***

Tenue de soirée
Bertrand Blier, 1986

« Putain de nom de Dieu ! Qu'est-ce que j'ai fait au ciel pour toucher une cloche pareille ?
– Oui, mais moi je t'aime !
– On le sait, t'arrête pas de me le seriner, change de disque ! Annonce moi des bonnes nouvelles au lieu de tout le temps me parler de ton amour ! »

Miou-Miou et Michel Blanc dans ***Tenue de soirée***

« Mon mari, est-ce que je peux te dire que je te trouve particulièrement chiant ? »

Annie Girardot dans ***La Mandarine***

« Dans l'ordre des sous-merdes, tu te situes entre la diarrhée fétide et le vomis de poivrot. »

Gérard Lanvin dans ***San-Antonio***

Ça va, y'a pas mort d'homme !
– Non mais t'es con ou t'es con ? Tu peux pas t'arrêter deux secondes avec tes phrases de plouc toutes faites ? J'en peux plus, moi, de tes "Au jour d'aujourd'hui", "Les petites choses qui vont bien", "Ah tu m'étonnes !"... Mais c'est quoi, ta cervelle ? Une photocopieuse à conneries ?

Gilles Lellouche et Mélanie Doutey dans ***Une petite zone de turbulences***

Nous irons tous au paradis
Yves Robert, 1977

« Dis donc, dans ton métier, c'est pas un handicap d'être aussi con ? »

Victor Lanoux dans ***Nous irons tous au paradis***

Jouer **les machos**

« Si on réussit à éviter que les bonnes femmes s'en mêlent, on devrait pouvoir se tirer de là. »

Harrison Ford dans ***La Guerre des étoiles***

Brice de Nice
James Huth, 2005

« Excuse-moi, depuis tout à l'heure je te fais complètement du bien et je ne sais même pas comment tu t'appelles ? »

Jean Dujardin
dans ***Brice de Nice***

« Quand il s'agit de rasoirs, de clés de voiture, de femmes, j'ai toujours tout en double. »

Jean-Pierre Marielle dans ***Comment réussir quand on est con et pleurnichard***

« J'ai besoin d'être libre !
– Libre ? Pour quoi faire ? »

Michèle Laroque et Gérard Darmon dans ***Pédale dure***

« Toi, je t'adresserai la parole le jour où tu me feras rêver, et c'est pas pour demain ! »

Jean-Pierre Marielle dans ***Calmos***

« Si j'avais les moyens, je t'aurais baisée au George V, mais j'ai pas les moyens. Quand je les aurai, je serai trop vieux. »

Eddy Mitchell dans ***À mort l'arbitre***

« Tu te rends compte d'un boudin ? Je la vois bien avec du persil dans les oreilles. »

Joseph Cali dans ***La Fièvre du samedi soir***

« Attendez deux minutes que je remette ma culotte !
– Mais t'as pas besoin de culotte !
Y'a pas de mouches en hiver ! »

Miou-Miou et Gérard Depardieu dans ***Tenue de soirée***

« Je suis sûre que tu es un garçon merveilleux.
– Et moi, je suis sûr que t'es une petite salope ! »

Dyan Cannon et Jean-Paul Belmondo dans ***Le Casse***

Le Casse
Henri Verneuil, 1971

« Je préfère regarder tes fesses que ta gueule.
Elles sont plus agréables à regarder. »

Al Pacino dans ***Scarface***

« Tu dis rien, Muriel. Tu n'es pas d'accord ?
– J'écoute.
– T'as raison. Comme ça, t'es sûr de ne pas dire de conneries ! »

Jean-Pierre Marielle et Elisabeth Volkmann dans ***Sex Shop***

« J'ai dit [à ma femme] : "Où tu veux aller pour ton anniversaire ?".
Elle me dit : "Dans un endroit que je ne connais pas".
Essaie la cuisine ! »

Henny Yougman dans ***Les Affranchis***

« Tu sais à quoi je pense ?
– Tu ferais mieux de t'écraser parce que, justement, je suis en train de me faire belle pour que tu me sortes samedi soir.
– Tu vas voir, je vais te le faire, ton samedi soir, au point que tu pourras plus arquer de la semaine ! »

Bernadette Lafont et Guy Marchand dans ***Une belle fille comme moi***

« Je t'aime !
– Je sais ! »

Carrie Fisher et Harrison Ford dans ***L'Empire contre-attaque***

Une belle fille comme moi
François Truffaut, 1972

« Écoute Robert, si tu veux mon avis...
– Ton avis, quel avis ? Tu as un avis ?
– Mais, Robert...
– Ce que je te demande, c'est de partager le mien. Tout le reste, c'est des paroles et de l'énergie perdues. Alors, sois gentille, contente-toi de tes petits poèmes. »

Catherine Deneuve et Fabrice Luchini dans ***Potiche***

« Pourquoi les Chinoises ont-elles
un goût différent des autres filles ?
– Et tu nous préfères à elles ?
– Non, c'est différent… Le canard laqué
ne se compare pas au caviar russe.
J'apprécie les deux. »

Sean Connery et Tsai Chin dans ***On ne vit que deux fois***

On ne vit que deux fois
Lewis Gilbert, 1967

« Je n'accepte jamais d'argent des femmes.
Ça coûte trop cher ! »

Raymond Rouleau dans ***Massacre en dentelles***

« Faut pas que tu t'inquiètes, Stéphane, ça restera entre nous.
– Je préférerais que ça reste pas, tout court. Comme si c'était pas arrivé, quoi. En plus, j'ai pas pris de plaisir, c'est bien. Vis-à-vis de ma femme, ça me rend moins coupable. »

Elza Zylberstein et Franck Dubosc dans ***Les Têtes de l'emploi***

Dieu a créé l'alcool pour que l'homme oublie sa femme.

Patrick Sébastien dans ***Quatre garçons pleins d'avenir***

« Tu vas la revoir ?
– Sûrement, oui. Je l'appelle samedi, je la baise dimanche, je la quitte lundi. »

Gérard Darmon et Franck Dubosc dans ***Tout le monde debout***

« Tu m'aimes ?
– Hein ? Non, bien sûr que non, voyons. »

Marisa Berenson et Guy Marchand dans ***La Tête dans le sac***

« Alors, la petite hier soir, ça s'est passé comment ?
– Eh ben, je sais pas quel âge elle a, mais elle aime la bite ! »

Christian Clavier et Thierry Lhermitte dans ***Les Bronzés***

Les Bronzés
Patrice Leconte, 1978

Argumenter pour **ne pas se marier**

« Trente ans de bagne, peut-être même quarante si vous tenez le coup !
Le mariage, mon cher, c'est le Biribi des amours.
Moi, ça fait vingt ans que je déguste. Je me suis marié en 42 parce que ça donnait droit à un costume pure laine et une paire de chaussures en cuir.
Voilà où ça mène, l'élégance ! »

Michel Serrault dans ***Carambolages***

« Marié ?
– Non, heureux ! »

Une « danseuse » et Raymond Rouleau dans ***Massacre en dentelles***

« Je vois vraiment pas ce que tu veux de plus. Je te fais du bien au lit, tu me fais du bien au lit. Qu'est-ce que tu peux exiger de plus d'un mec ? »

Nick Nolte dans ***48 Heures***

« Vous êtes mariée, vous-même ?
– Non, mais j'aimerais bien.
– Eh bien, vous ne savez pas ce que vous ratez. Pouvoir manger ce que vous voulez, quand vous voulez, boire quand vous voulez, ce que vous voulez, regarder à la télé la chaîne que vous voulez, vous lever à l'heure que vous voulez, partir en vacances quand vous voulez, si vous le voulez, ronfler, péter, chanter !… »

Guillaume Depardieu et Elsa de Breyne dans ***Alliance cherche doigt***

« "Le mariage est la principale cause de divorce." Sacha Guitry.
– Non, Oscar Wilde. »

François-Xavier Demaison et Pascale Arbillot dans ***Divorces***

« Pour commencer, laissez-moi vous exposer ma philosophie : je considère que le mariage est une forme de viol que la loi permet. »

« Une conseillère conjugale » dans ***Forget Paris***

« Ce ne serait pas loyal de t'épouser tout de suite, Pussycat. Il me reste encore bien des plaisirs et des joies à tirer de mon célibat. Tu sais, une fois mariés, fini le plaisir ! »

Peter O'Toole dans ***Quoi de neuf, Pussycat ?***

Quoi de neuf, Pussycat ?
Clive Donner, 1965

« Écoute, Didier ! Je ne veux pas vivre avec quelqu'un, tu comprends ? Ni toi, ni personne ! Je ne veux pas. Je veux vivre seule, seule, seule ! Tu comprends ? Je veux pouvoir péter dans mes draps tranquille, rentrer à n'importe quelle heure, bouffer sur un coin de table, inviter des copains, faire le ménage seulement une fois par an si ça me chante, je veux dépenser mon fric à ma façon… (…) Je ne veux pas d'un mec étiaffé sur mon canapé qui baille en disant « qu'est-ce qu'il y a à bouffer ce soir ? » Je ne veux pas qu'on me dise : « Tiens, toi qui repasses si bien les chemises… », je ne veux pas acheter la nouvelle BMW qui est fabuleuse et on paiera les traites ensemble, je ne veux pas que ta mère me téléphone pour savoir si je t'ai bien donné tes cachets contre la grippe, je ne veux pas de tes chaussettes sales dans mon panier à linge, je ne veux pas nettoyer la cuisine pendant trois heures le jour où t'auras décidé de faire une paella pour tes collègues du bureau, je ne veux pas te demander si t'es d'accord de regarder le film au lieu du sport, je ne veux pas, je ne veux pas ! Ta vie, c'est ta vie, ma vie, c'est ma vie ! »

Zabou dans ***La Crise***

« Elles sont attirées comme des aimants par les hommes seuls. Elles le sentent de loin. J'ai vu un documentaire là-dessus. Elles sont génétiquement programmées pour nous passer la bague au doigt. La femelle veut contrôler, dominer, et par-dessus tout procréer. Elle doit maintenir le cycle de la vie, etc. Elle repère un mâle dans le troupeau, exhibe son plumage et en moins de temps qu'il n'en faut pour le dire, le petit couple a ses dettes, sa flopée de nains qui puent et qu'il faut gaver jusqu'à leur majorité ! Et c'est la mort… Rien que d'y penser, ça me colle des sueurs froides. »

Guillermo Toledo dans ***Le Crime farpait***

Le Crime farpait
Alex de la Iglesia, 2004

« Vous n'êtes pas mariés ?
– Non. Nous n'avons pas encore mêlé l'administration à notre histoire d'amour. »

Jean-François Devaux et Danièle Gueble dans ***Rendez-moi ma peau…***

« On voulait exactement les mêmes choses. On voulait vivre ensemble mais sans penser au mariage, parce que chaque fois qu'un de nos amis se mariait, ça gâchait leur vie à deux. C'était pour ainsi dire la mort de la vie sexuelle. C'est vrai ! C'est un des secrets qu'on ne vous dit jamais. »

Meg Ryan dans ***Quand Harry rencontre Sally***

« J'ai une nouvelle théorie sur le mariage. Un couple d'amoureux très épris l'un de l'autre vit en totale harmonie jusqu'au jour où tout d'un coup, ils n'ont plus rien à se dire, terminé ! Ils ont beau chercher, ils ne trouvent plus le moindre sujet de conversation. D'un coup : panique ! Et puis, soudain, sourire du garçon, car il lui semble entrevoir enfin une solution : il a l'idée de la demander en mariage. Ils auront de quoi parler jusqu'à la fin de leurs jours ! »

Simon Callow dans ***Quatre Mariages et un enterrement***

« Le mariage, mon petit, c'est la Bérézina des loisirs, la nécropole des illusions, la fosse commune… »

Claude Rich dans ***La Chasse à l'homme***

« Vous vous entendez bien, vous baisez tous les soirs, y'a pas d'héritage ! Tu peux m'expliquer quel besoin vous avez de vous marier ? À part le besoin de tout foutre en l'air ? »

Jean Dujardin dans ***Mariages !***

« J'ai pas envie de me marier ! Tu comprends, ça ? J'adore mon genre de vie ! J'adore porter mes sous-vêtements plus d'une journée avant d'en changer ! J'adore laisser le siège des toilettes relevé sans culpabiliser ! J'adore faire mon zapping personnel en amour, moi ! J'adore mon genre de vie ! »

Sylvester Stallone dans ***Arrête ou ma mère va tirer !***

« Pour l'instant, vous nagez dans le bleu, tout le monde il est heureux et amoureux, et c'est merveilleux ! Mais il faut que vous sachiez que tôt ou tard, vous en viendrez à vous engueuler pour savoir qui gardera cette assiette. Cette assiette à huit dollars vous coûtera des milliers de dollars en coups de téléphone à votre avocat pour la grande braderie ! »

Billy Cristal dans ***Quand Harry rencontre Sally***

Quand Harry rencontre Sally
Rob Reiner, 1989

« Tu ne penses pas que nous, on va pour ainsi dire contre-nature quand on décide de pas se marier ?
– Non. Aller contre-nature, c'est par exemple la chatte qui allaite un petit singe. »

Jennifer Aniston et Ben Affleck dans ***Ce que pensent les hommes***

« La vie est belle, vous baisez nuit et jour, ça fuse comme le champagne à un mariage de mafieux. Et un jour, comme à chaque fois, toute cette bonne baise se dégrade et ça tourne carrément au vinaigre. »

Michael Douglas dans ***Divine mais dangereuse***

« Les gens qui se marient, faut pas leur faire confiance ! Je m'explique. Tu sais pourquoi ? Parce que s'ils sont si heureux que ça, alors franchement, pourquoi ils se sentent obligés de le crier sur les toits ? Tu vois ? Pourquoi l'annoncer au monde entier ? Ils le font parce que ça les rassure, ils pensent qu'il faut se marier, qu'ils sont obligés de le faire, tout de suite. Parce que je crois que ces gens se mentent. »

Ben Affleck dans ***Ce que pensent les hommes***

« Quand on aime une dame, je vois pas pourquoi on lui ferait l'injure de la demander en mariage. Le mariage, qu'est-ce que c'est ? C'est un contrat. Et les contrats, en général, c'est fait pour les gens qui ont peur. (…) C'est la peur de la solitude et de la liberté. Parce que c'est bien connu, la vraie liberté débouche toujours sur la solitude. C'est ça, le mariage ! (…) C'est la peur de se retrouver un soir tout seul avec deux œufs au plat, sans la télé et sans assurance-vie. Ou si vous préférez, c'est la peur de se retrouver tout seul sans quelqu'un qui, lui, en réalité, a encore plus peur que vous. »

Lino Ventura dans ***La Bonne Année***

La Bonne Année
Claude Lelouch, 1973

« Il en faut de l'amour pour se marier, il en faut même beaucoup !

Il en faut même tellement que quand on a dépensé pour se marier tout ce qu'on avait d'amour dans son cœur, il ne vous reste plus que le mariage : deux pauvres êtres accrochés l'un à l'autre qui avancent, qui avancent… je ne dis pas vers la mort, mariés ou pas, on y arrive toujours à la mort. Quoique les gens mariés, ils y arrivent plus vite que les autres. (…) Mais là où on va, là où vous allez, mes enfants, si vous dites "oui", qui n'est pas un mot plus joli que "non", c'est vers un pays gris comme la cendre qui s'appelle le "pays des gens mariés". Alors, on est là à se regarder vieillir, tomber malade, devenir laid, en se disant "c'est lui ou c'est moi qui s'en ira le premier ?" »

Fernandel dans ***L'Auberge rouge***

L'Auberge rouge
Claude Autant-Lara, 1951

« Vous ne voulez pas épouser Eugénie ! Vous ne voulez pas épouser quelqu'un qui deviendra flasque, ridé, avachi !
– Tout le monde deviendra flasque, ridé, avachi !
– Pas la semaine prochaine ! »

Barbra Streisand et Ryan O'Neal dans ***On s'fait la valise, docteur !***

Argumenter pour **ne pas avoir d'enfants**

« Qu'est-ce que t'as contre les gosses ?
– Ils hurlent, ils foutent le bordel,
ils coûtent très cher, (…) ils puent !
– Non, ils ne puent pas !
– Si, les bébés puent ! »

Laura Dern et Sam Neill dans ***Jurassic Park***

Les gosses, c'est quinze secondes de plaisir mais trente ans d'emmerdes !

Eddy Mitchell dans ***La Totale !***

« Ça reste le but fondamental des êtres : se reproduire. Comme n'importe quelle bactérie ! »

Fabrice Luchini dans ***P.R.O.F.S.***

« David, tu es libre, tu es un homme libre. Crois-moi, David, tu ne veux pas avoir d'enfants, c'est des espèces de trous noirs qui te sucent toute ton énergie, ton temps, ton argent, tes cheveux ! Tu te souviens quand j'avais des cheveux ?... Je bande plus, c'est pas compliqué, je bande plus ! »

Antoine Bertrand dans ***Starbuck***

Starbuck
Ken Scott, 2011

« *Il faut avoir une assez bonne opinion de soi-même pour pouvoir se reproduire. Moi, je m'aime pas tellement, je suis pas assez optimiste. (...) Je suis trop égoïste aussi pour me faire casser les oreilles par du heavy metal quand j'ai envie de lire.* »

Pierre Curzi dans ***Le Déclin de l'empire américain***

Essayer de convaincre **qu'on a été fidèle**

« Surtout, ne te fie surtout pas aux apparences. (...) J'étais en train de regarder si elle n'avait pas un cancer du sein ! »

Ashton Kutcher dans ***Mon boss, sa fille et moi***

« Écoute-moi : pourquoi est-ce que je baiserais avec un hamburger quand je peux faire l'amour avec un steak ? »

Tchéky Karyo dans ***Addicted To Love***

« Ça fait dix-sept ans qu'on est marié, tu n'as jamais eu l'ombre d'une esquisse d'indice de rien du tout. Tu crois pas que tu m'aurais gaulé au moins une fois depuis le temps ? Tu crois pas ? Une note d'hôtel que j'aurai oubliée dans un costume ? Une copine qui t'aurait dit qu'elle m'a vu embrasser une fille dans la rue ? Des coups de fil qui raccrochent quand tu décroches ? Tu crois pas ? »

Marc Lavoine dans ***Le Cœur des hommes***

« T'as mal interprété !
– Ah, c'est parce que je vous ai vu couchés dans la voiture, c'est ça qui m'a trompé !
– Couchés dans la voiture ? Mais pas du tout ! On... discutait ! Et elle m'a forcé à l'embrasser ! »

Fabio Zenoni et Sandrine Kiberlain dans ***Après vous...***

« Maintenant, tu vas tout me dire ! Et tout de suite !
– Qu'est-ce que tu fais dans cet hôtel ?
– Mais tu crois que c'est toi qui vas me poser cette question ? »

Danièle Delorme et Jean Rochefort dans ***Nous irons tous au paradis***

Nous irons tous au paradis
Yves Robert, 1977

« Le type dont vous avez fait votre ami me fait cocu avec des capotes à la fraise ! (...)
– Je suis allergique à la fraise ! »

Barbara Schulz et Marc Lavoine dans ***Celle que j'aime***

« Mais comment peux-tu imaginer que je puisse être intéressé par deux grandes blondes de 20 ans ? »

Dany Boon dans ***Lolo***

Minimiser **un adultère**

« Mais puisque je dis pardon !
Pardon, quoi ! Quand on demande pardon,
faut pardonner, sinon ça sert
à quoi de dire pardon ? »

Francis Perrin dans ***Le Joli Cœur***

« C'est pas vrai ? Je m'absente cinq minutes et tu prends une intérimaire !
– Tu t'absentes pas, tu te tires. Pas cinq minutes, deux jours. Je peux pas vivre seul, tu le sais. Je cafarde. À la tombée du jour, j'ai des spasmes... »

Miou-Miou et Henri Guybet dans ***Est-ce bien raisonnable ?***

Est-ce bien raisonnable ?
Georges Lautner, 1981

« Je veux que tu prennes toutes tes putains de saloperies d'affaires
et je veux que tu foutes le camp d'ici !
– Tu sais, je n'arrive pas à comprendre pourquoi la plus intelligente
des femmes n'est pas capable de faire la différence entre une
insignifiante passion sexuelle ardente
et le confortable train-train d'un beau mariage solide ! »

Kirstie Alley et Woody Allen dans ***Harry dans tous ses états***

Tu crois peut-être que j'ai fait ça pour le plaisir ? C'est pas marrant de tromper sa femme !

Jean Dujardin dans ***Les Infidèles***

« Ton assistante ? C'est d'un original !
– Qu'est-ce que tu veux que je te dise ?
Elle m'aime, elle me trouble.
– Et moi dans tout ça ?
– Toi ? Ça change rien. Toi, t'es la femme de ma vie. »

Michèle Bernier et Simon Abkarian dans ***Le Démon de midi***

« OK, j'ai une maîtresse, et alors ? On va pas en chier une pendule, hein ! Tous les grands de ce monde ont une maîtresse. Bill Clinton ? Il a une maîtresse. Mick Jagger ? Il a une maîtresse. Napoléon ? Il avait une maîtresse. (...) Qu'est-ce que t'espérais ? Une petite vie étriquée avec un mari sans maîtresse ? Tu mérites mieux que ça, mon ange. »

Benoît Poelvoorde dans ***Podium***

Podium
Yann Moix, 2004

« D'accord, j'ai couché avec Ron Keller ! Mais c'est pas parce qu'il me plaît ! (...) J'avais besoin de savoir ce qui cloche chez moi. Je ne peux pas coucher avec toi, alors que tu es l'homme que j'aime ! Je voulais savoir si je suis un phénomène ou bien frigide... et si je peux encore être excitée et avoir un orgasme.

– Et tu peux ?

– Oui, bonne nouvelle : je peux ! »

Christina Ricci et Jason Biggs dans ***Anything else (la vie et tout le reste)***

« Oh, je te rassure tout de suite, il ne s'est rien passé entre nous ! Quand bien même, il se serait passé quelque chose, je ne m'en souviendrais pas. C'est dire l'importance… Même pas une passade, même pas une aventure, c'est rien ! »

Jean Rochefort dans ***Le Cavaleur***

« Véro, laisse-moi t'expliquer, c'est un malentendu !
Véro, on s'en fout de cette fille, c'est une pétasse !
Véro, attends, c'est rien, c'est juste un petit coup de bite ! »

Benoît Poelvoorde dans ***Podium***

« Tromper en province, c'est pas tromper ! »

Nanou Garcia dans ***Je fais le mort***

« Samie, je t'en prie, j'étais déjà comme ça quand tu m'as connu, tu te rappelles pas ? »

Will Ferrell dans ***Les Rois du patin***

Casque bleu
Gérard Jugnot, 1994

« Une aventure en treize ans, c'est banal,
c'est même très con.
Pourquoi tu me fais la gueule ?
Ça fait deux mois que je dors à l'auberge
du cul-tourné, qu'est-ce que tu veux ? (...)
– Tu m'as déçue.
– Pour l'instant, c'est toi qui me déçois !
Je te fais confiance, je t'avoue la vérité
et tu me sacques connement ! »

Gérard Jugnot et Victoria Abril dans ***Casque bleu***

**T'es sûr que t'oublies rien, non ?
– Ah si, toi !
Et définitivement !**

Lino Ventura et Annie Girardot dans ***Le Bateau d'Émile***

« J'en ai assez d'être mariée. Je trouve que tu es sinistre. Avec toi, je suffoque, j'étouffe, on n'a rien en commun et physiquement, t'es pas mon genre. T'en fais une tête, ne le prends pas trop à cœur ! »

Susan Anspach dans ***Tombe les filles et tais-toi***

« Deux ans que je suis avec toi, ça commence à faire un compte rond, tu sais ! Mets-toi à ma place : Inès le matin, Inès le midi, Inès le soir ! T'es pas une femme, t'es un régime ! »

Jean Gabin dans ***Pépé le Moko***

« Écoute, ma bonne Suzanne, t'es une épouse modèle. T'as que des qualités et, physiquement, t'es restée comme je pouvais l'espérer. C'est le bonheur rangé dans une armoire et tu vois, même si c'était à refaire, je crois que je t'épouserais de nouveau. Mais tu m'emmerdes. Tu m'emmerdes gentiment, affectueusement, avec amour, mais tu m'em-mer-des ! »

Jean Gabin dans ***Un singe en hiver***

Un singe en hiver
Henri Verneuil, 1962

« Il me manque quelque chose.

– Je te fais manquer de quelque chose, moi ? Et de quoi ? Donne des exemples. Tu pourrais me dire ce qui te manque ?

– Non, mais si tu m'aidais à chercher, je suis sûre que je trouverais. »

Louise Lasser et Woody Allen dans ***Bananas***

« On s'aime et puis un jour, on s'aime plus. C'est le cours normal des choses.

– Quand on s'est marié, j'étais sûre que ça allait durer toujours…

– Ben, t'as eu tort d'être sûre. L'histoire d'amour éternelle, ça a été inventé quand l'espérance de vie moyenne était à 35 ans. »

Gérard Darmon et Caroline Gillain dans ***Le Cœur des hommes 2***

Tu es quelqu'un de fidèle et tu es gentil, mais tu es un mollasson. Tu es aux hommes ce que le yaourt allégé est au fromage.

Tyler Labine dans ***Cottage Country***

« Bye bye, casse-burnes ! »

Jean Rochefort dans ***Le Bal des casse-pieds***

« T'as été parfaite, et moi j'ai été un dégueulasse, dégueulasse comme tous les hommes ! J'ai rien à te reprocher mais je peux plus te voir devant moi ! Je t'avais dit que je t'aimerai toujours... ben, je me suis gouré, j'ai vieilli et puis j't'aime plus ! J't'aime plus ! »

Jean Gabin dans ***Le Chat***

« Tu ne sais donc pas que les relations entre hommes et femmes ne sont pas faites pour durer ? Les savants se sont penchés là-dessus. En réalité, c'est une réaction chimique qui se produit au niveau de notre corps et qui fait que tôt ou tard, l'un des deux finit par se lasser. »

Diane Keaton dans ***Woody et les robots***

« J'ai cru que vous étiez grand, c'était trop beau. Mais vous êtes petit, trop petit pour moi ! »

Anna Magnani dans ***Le Carrosse d'or***

Le Carrosse d'or
Jean Renoir, 1952

« La meilleure chose qui me soit arrivée dans la vie, c'est toi. Mais tu sais quoi ? Le problème, c'est que c'est aussi la pire ! »

Sophie Marceau dans ***LOL (Laughing Out Loud)***

« *Je te demande pardon. T'es un type formidable. C'est juste pas suffisant. Pardon.* »

Ludivine Sagnier dans ***Amour et turbulences***

Nous irons tous au paradis
Yves Robert, 1977

« Tu vas m'écrire ?
– Non.
– Quand je reviendrai à Paris, on se reverra ?
– Non.
– Tu t'en fous ?
– Oui. »

Vania Vilers et Danièle Delorme dans ***Nous irons tous au paradis***

« Je t'ai aimée beaucoup, c'est vrai.
Je ne t'oublierai jamais, c'est d'accord. Mais il faut regarder les choses en face : moins on se voit, mieux on se porte ! »

Philippe Noiret dans ***L'Africain***

« On peut savoir à quoi tu joues ?
– Je te joue la scène du départ.
Regarde-la bien, ta petite puce :
une prise, one take, la première
et la bonne ! »

Boris Bergman et Catherine Wilkening dans ***Jésus de Montréal***

« On a eu de bons moments mais bon,
on ne va pas en discuter indéfiniment,
il faut qu'on passe à autre
chose et que tu partes.
Ce serait plus facile pour
moi si tu le faisais maintenant.
C'est comme quand t'as un sparadrap,
un jour il faut bien que tu l'enlèves.
Eh bien, pour nous, c'est pareil. »

William Fichtner dans ***Les Rois du patin***

À dire au juge **pendant la procédure de divorce**

« Albert ne dit jamais rien.
Albert a moins de conversation
qu'un fromage ! »

Michael Keaton dans ***Une journée de fous***

« Il est [dans ce restaurant] vingt-quatre heures sur vingt-quatre ! Encore cinq minutes de plus et il se transforme en tabouret ! »

Tony Darrow dans ***Les Affranchis***

« Je ne l'aime plus. Je me suis rendu compte que c'était quelqu'un de très égoïste et qu'il ne pensait qu'à l'argent. Tous les jours, il rentre à la maison, il se vautre sur le canapé, il regarde sa télé. Et vous comprenez, il a jamais eu une attention. Jamais, on va dîner au restaurant. Moi, je suis bonne qu'à rester à la maison, m'occuper des gosses et préparer les repas. Eh bien, j'en ai assez ! Et puis, au lit... quand il me touche, ça me fait plus rien. Ça fait des années que je suis obligée de fermer les yeux et de penser à des vedettes de cinéma ! »

Charlotte de Turckheim dans ***Signes extérieurs de richesse***

« C'est une brave fille, mais du côté du radada, ça a toujours été zéro ! »

Jean-Pierre Marielle dans ***... Comme la lune***

Le bonheur n'était pas dans sa nature. Elle passait le plus clair de son temps à faire cuire des pâtes et moi, je finissais par pisser de l'huile d'olive !

Sean Connery dans ***Family Business***

« J'avais jamais eu un seul soupçon. Et un beau jour, je rentre et la maison est complètement vide, et je dis bien complètement vide ! Elle avait même piqué le bac à glaçons dans le frigo ! Quelle espèce de salope peut se tirer avec le bac à glaçons du réfrigérateur ? »

Tom Arnold dans ***True Lies***

True Lies
James Cameron, 1994

« Il m'a assuré une vie à l'abri de tout problème, tous mes besoins étaient comblés, tous mes caprices. (...) Il était brillant, il m'a toujours traité avec délicatesse, avec respect, un vrai gentleman... Mais je ne pouvais pas le sentir ! »

Danièle Darrieux dans ***8 Femmes***

« Je ne sais même pas pourquoi je l'ai épousé. On n'a rien en commun : lui, il aime les chiens et la mer, et moi j'aime les chats et la montagne. »

Michèle Laroque dans ***Enfin veuve***

« Lorsque j'ai acheté ma femme, au départ elle faisait bonne cuisine, sa vagine marchait bien, elle est forte au labourage mais au bout de trois années mariage, quand elle a eu quinze ans, alors elle devient fragile, sa voix devient plus grave, elle a reçu poils sur les seins, sa vagine elle était large comme la manche du magicien. »

Sacha Baron Cohen dans ***Borat***

« Oui, je suis impuissant et je vous emmerde ! »

Jean-Paul Belmondo dans ***Le Magnifique***

Réagir avec classe **quand son ex a trouvé un remplaçant**

« Si vous couchez ensemble, mettez des capotes. Faut absolument pas vous reproduire ! »

Bérengère Krief dans ***Adopte un veuf***

« Maggie, laisse-moi te le dire en face en tant que premier grand amour de ta vie : ton fiancé a une sale tête. »

Paul Rudd dans ***Ant-Man***

« Il collectionne les poissons, Henri ?
– Ouais, ça t'étonne ?
– Ah non, au contraire.
– Pourquoi ?
– Une certaine parenté dans l'œil... »

François Cluzet et Judith Henry dans ***Les Apprentis***

« Il est sympa. Il est sympa mais je lui mettrais bien un marron ! »

Yves Montand dans ***César et Rosalie***

Au lit

Ne plus être timide **avec les femmes**

« Alors voilà, on va chez vous pour le pot, le souper au champagne, la galipette et pour la petite douche rapidos ! »

Gene Wilder dans ***La Folie aux trousses***

« J'arrive ! Je vais te casser le cul, toi, tu vas pas comprendre ! »

José Garcia dans ***La Vérité si je mens !***

« Je vais te gâter, toi ! Tu vas être heureuse ! »

Gérard Lanvin dans ***Les Frères Pétard***

« J'avais la trique de te retrouver ! »

Jean-Pierre Marielle dans ***... Comme la lune***

« *Je vais te dire un truc qui va te faire plaisir, toi ! Tu vois, je me suis niqué plus de quatre-vingts gonzesses depuis le début de la saison... Eh ben, sans me flatter, j'ai l'impression que tu vas être dans les dix, quinze premières, tu vois !* »

Thierry Lhermitte dans ***Les Bronzés***

Les Bronzés
Patrice Leconte, 1978

Vous voulez un whisky ?
– Oh, juste un doigt !
– Vous ne voulez pas un whisky, d'abord ?

Gérard Darmon et Chantal Lauby dans ***La Cité de la peur***

« On va baiser tout de suite ?
Je me sens aussi dur
qu'un diamant dans un écrin de plomb fondu. »

Will Ferrell dans ***Ricky Bobby : roi du circuit***

« Je vais te fourrer ! Je vais te fourrer !
Je vais te fourrer ! »

Jean-Pierre Marielle dans ***… Comme la lune***

« Allô ? Je suis un copain de Dov. Il m'a dit que t'aurais rien contre un petit 5 à 7 avec un mec super bien monté. Ça tombe bien, je suis un gros, gros chaud de la bite. Tu sais quoi ? Je vais te casser tes petites pattes arrière et puis je vais te faire bouffer ton polochon. »

José Garcia dans ***La Vérité si je mens ! 2***

« Alors qu'est-ce qu'on fait ?
On nique maintenant
ou on nique tout de suite ? »

Mike Myers dans ***Austin Powers***

« Je suis un robot sexuel ultra perfectionné expédié du futur pour changer l'avenir d'une petite veinarde ! »

Chris Owen dans ***American Pie 2***

« Bon, on va boire un verre chez moi ? En tout bien, tout honneur.

Pas d'embrouille, ça restera purement sexuel. »

Hugh Grant dans ***Le Journal de Bridget Jones***

« Vous ne pensez qu'à ça !
– Parfaitement, madame,
et vous nous y aidez ! »

Jeanne Moreau et Oskar Werner dans ***Jules et Jim***

Jules et Jim
François Truffaut, 1962

« Allez hop, à poil ! On va pas s'enliser à chaque fois dans des formules de politesse. Je vous respecte trop et je suis débordé ! »

Claude Brasseur dans ***Une belle fille comme moi***

« Mais tu pèses une tonne, salope ! »

Thierry Lhermitte dans ***Le Père Noël est une ordure***

« Odile, je ne vous ai jamais autant désirée que cette nuit. J'avoue que je nourris une terrible envie de vous bourrer, malgré la nuit, la lune et la météo sinistre qui n'incitent pas spécialement aux enfilages, je dois dire. »

Jean-Pierre Marielle dans ***Le Sourire***

« Et mardi… ?
– Quoi, mardi ?
Je vais rentrer un peu plus tôt. Comme ça, je te fais tes crêpes et puis après, je te saute ! »

Guillaume Canet et Audrey Tautou dans ***Ensemble c'est tout***

« T'es trop sexy pour qu'on sorte. J'ai envie de te sauter tout de suite ! »

Val Kilmer dans ***Heat***

Heat
Michael Mann, 1995

« Ginette, j'ai la merguez qui me démange.
– Laisse tomber, Achille, y'a du ketchup dans le cornet de frites.
– Et alors ? Y'a qu'à saucer ! »

Jean-Luc Bideau et Michèle Brousse dans ***Le bonheur a encore frappé***

« Marjorie, je vais t'extasier le vagin ! »

Thomas Lennon dans ***Bad Teacher***

« Je suis prêt à m'immiscer, telle une clé USB, dans ton disque dur. Ceci dit, en toute cordialité et en tout bien, tout honneur ! »

Elie Sémoun dans ***Cyprien***

Refroidir **les femmes**

« Je te trouve bandante comme une casserole de pois-chiches ! »
Kathleen Wilhoite dans ***La Loi de Murphy***

« On peut savoir ce que tu fais ?
– Je te fais bander.
– Tu sens quelque chose ? Non ? Alors, va faire un château de sable. »
Bernard Giraudeau et Valérie Kaprisky dans ***L'Année des méduses***

« Tu me sautes maintenant, tout de suite, sur la table !
– Pourquoi pas sur des skis ou debout sur un hamac ? »
Carla Romanelli et Jean-Paul Belmondo dans ***Le Guignolo***

**Cause toujours, (...)
Miss Gros Lolos.
Tes mamelles n'ont pas réussi
à me séduire, poupée.
Moi, j'aime que les œufs sur le plat.**

« un truand » dans ***Supernichons contre mafia***

« Avant de partir, sale espion, fais-moi l'amour !
– Non, je ne crois pas, non !
– Pourquoi ?
– Pas envie ! »

Aure Atika et Jean Dujardin dans ***OSS 117 : Le Caire, nid d'espions***

OSS 117 : Le Caire, nid d'espions
Michel Hazanavicius, 2006

« Alors, tu me demandes pas de m'asseoir ?
– Non, tu le ferais.
– Je parie que tu me demanderais de m'allonger.
– Non, tu refuserais. »

Donna Pescow et John Travolta dans ***La Fièvre du samedi soir***

Ne plus être timide **avec les hommes**

« Oh oui, mon petit poney !
Prends-moi comme un bourricot ! »

Hélène de Fougerolles dans ***Les Dents de la nuit***

« *Je parie que t'es pas microscopique, section bite...* »

Jennifer Aniston dans ***Comment tuer son boss ?***

« Comment faut-il que je fasse pour faire l'amour avec vous ?
– Essayez de sonner à ma porte. »

Adele Yoshioka et Clint Eastwood dans ***Magnum Force***

Magnum Force

Ted Post, 1973

« Ça fait trois jours que j'ai pas baisé, j'ai des fourmis dans la chatte ! »
Helena Noguerra dans ***L'Arnacœur***

L'Arnacœur
Pascal Chaumeil, 2010

« Je te veux au fond de moi ! »
Sigourney Weaver dans ***SOS Fantômes***

« Vous n'avez jamais eu envie d'avoir une aventure avec une femme sur le point de se marier ? Venez, on fait ça tout de suite dans la cabine d'essayage. J'ai pas mis de culotte aujourd'hui, vous n'aurez qu'à soulever ma robe... »
Vanessa Paradis dans ***L'Arnacœur***

« J'espère que tu as chargé ton six-coups, vilain cow-boy ! »
Audrey Fleurot dans ***Les Reines du ring***

On fait l'amour d'abord ou on fait à manger ? Personnellement, j'ai pas très faim.

Sara Forestier dans ***Le Nom des gens***

« Je veux que tu me baises comme un lévrier ! »

Lila Salet dans ***Amour et turbulences***

« Vous êtes une officielle, ici ? Parce que c'est officiel, là, vous me filez une bonne gaule. »

Will Ferrell dans ***Les Rois du patin***

« C'est le retour du grand chauve à col roulé ! »

Kathleen Turner dans ***La Guerre des Roses***

« Désosse-moi ! »

Malin Akerman dans ***Les Femmes de ses rêves***

« Je crois qu'il est plus que temps qu'on laisse nos sens se déchaîner ! »

Catherine Keener dans ***40 ans, toujours puceau***

« J'aime beaucoup tes lèvres.
Je me demande la forme
qu'elles prendront quand
elles s'écraseront
sur mon clitoris. »

Reem Kherici dans ***Mes trésors***

« Mets-la toi au garde-à-vous parce que je vais te la sucer à lui faire crier grâce ! »

Cameron Diaz dans ***Bad Teacher***

« Je m'appelle Erin, avec un "e"
comme dans "essaie-moi quand tu veux" ! »

Kristen Wiig dans ***SOS Fantômes***

« Moi, c'est Julien.
– Et moi, c'est "Va-te-faire-mettre" ! »

Guillaume Canet et Marion Cotillard dans ***Jeux d'enfants***

« Même si vous ne faites que respirer dans ma direction, je cloue votre zizi à cette poutre. »

Meg Ryan dans ***Addicted To Love***

« Casse-toi ou je te coupe la queue ! »

Kahena Saighi dans ***Total Western***

Qu'est-ce que t'en dis ?
– C'est comme un pénis mais en plus petit...

Un « exhibitionniste » et Bernadette Peters dans ***Pink Cadillac***

« J'ai follement envie de faire l'amour avec toi.
– Ouais, eh bien, va falloir te retenir, hein !
– Ah bon ? Pourquoi, t'es indisposée ?
– Non, non, disons que mon corps psourrait éventuellement tolérer ta présence
mais c'est plutôt ma raison qui s'y oppose. »

Olivier Brocheriou et Virginie Cohen dans ***Quatre Garçons pleins d'avenir***

« J'ai envie de toi, petite salope !
Je peux plus tenir ! Alors ?
– Alors ? Tu rentres à l'hôtel,
tu te déshabilles, tu te parfumes au patchouli,
tu penses très fort à la petite salope...
et puis, tu te branles ! »

Jean-Pierre Marielle et Anne Jousset dans ***L'Entourloupe***

« Avec autant de gosses, vous croyez que je trouverai un moment pour faire l'amour ? »

Christine White dans ***Magnum Force***

« On a peur de la bête ?
– Non, je trouve ça moche
à regarder, c'est tout ! »

Alain Chabat et Josiane Balasko dans ***Gazon maudit***

« Faut que je me fasse le maillot,
j'ai le foin qui déborde de la charrette ! »

Laurence Arné dans ***L'amour, c'est mieux à deux***

***« Bonsoir. J'ai tenu à ce que nous dînions ici
pour être sûr de vous avoir pour moi tout seul.
– Oh, dîner aux chandelles ! Si après ça, je me laisse pas sauter... »***

Guy Marchand et Fanny Bastien dans ***La Tête dans le sac***

« Pourquoi tu veux absolument faire l'amour avec moi ?
– Pour être plus près de toi. Parce que je t'aime.
– Moi aussi, je t'aime, et pourtant j'ai pas envie de faire l'amour avec toi. Nous sommes ensemble, je viens dans tes bras, je te caresse, tu aimes mes jambes, ma bouche, mes seins. Pourquoi tu veux en plus faire l'amour ? »

Angela Molina et Fernando Rey dans ***Cet obscur objet du désir***

Au bureau

« T'as l'air en super forme !
– Ah ouais ? Tu peux enlever ta langue de mon cul, faut que je pète ? »

Gilles Cohen et Blanche Gardin dans ***20 ans d'écart***

« Je crois qu'il va falloir renoncer à votre programme, les gars.
– Quel programme ?
– Celui de me le mettre dans l'os. »

Lino Ventura et « un pêcheur » dans ***Le Bateau d'Émile***

« Qui êtes-vous ?
– Je suis l'enfoiré qui commande. »

Nick Tate et David Whiteley dans ***Killer Elite***

« Oh, dis donc, est-ce que tu te fous de ma gueule avec ton assemblée générale ? C'est pas parce que je t'ai fait bombarder président qu'il faut que tu crois que tu présides quelques chose, non ? »

Jean Gabin dans ***Le Sang à la tête***

Le Sang à la tête
Gilles Grangier, 1956

« Tu peux pas m'aider ?
– Non, je suis occupé à déléguer. »

Miles Bakshi et Alec Baldwin dans ***Baby Boss***

« On arrête de se tripoter, on y va ! »

Benoît Poelvoorde dans ***Mon pire cauchemar***

« J'ai comme l'impression que vous êtes beaucoup moins con que ce que vos gueules essaient de me faire croire.
Même si, je dois reconnaître, il y en a qui sont particulièrement doués. »

Laurent Lafitte dans ***De l'autre côté du périph***

“ Je ne veux pas vous vexer mais vous vous démerdez comme des manches. ”

Michel Constantin dans ***Il était une fois un flic***

« Des organisations foireuses, des abrutis et des médiocres, j'en ai vu des épais, mais des comme vous, c'est exceptionnel, y'a surcharge ! »

Catherine Jacob dans ***Les Grands Ducs***

« Il nous faut un plan d'attaque.
– J'ai un plan : on attaque ! »

Chris Evans et Robert Downey Jr dans ***Avengers***

« *T'as encore failli être à l'heure, toi !* »

Jean Gabin dans ***Voici le temps des assassins***

« L'heure est venue qu'une main de fer remette un peu d'ordre. Et cette main, c'est moi ! »

John Vernon dans ***American College***

« Qu'est-ce que je dois savoir ?
– Autant demander comment fonctionne une montre. Contentez-vous de regarder l'heure, ça suffira. »

Emily Blunt et Benicio del Toro dans ***Sicario***

« C'est comment votre nom, déjà ?
– Leprince.
– Allez vous faire foutre, Leprince ! »

Alain Delon et Michel Auclair dans ***Trois hommes à abattre***

Trois hommes à abattre
Jacques Deray, 1980

« Je veux être payé !
– Être payé ?
Je te laisse garder tes dents. »

Georges Saint-Pierre et Jean-Claude Van Damme dans ***Kickboxer : Vengeance***

« Alors vous, je ne peux plus vous supporter,
je vous le dis très amicalement ! »

Édouard Baer dans ***Ouvert la nuit***

« Je vais vous expliquer ma méthode. C'est la méthode Delgado. Premièrement, vous allez arrêter de me casser les couilles. Et deuxièmement, vous allez arrêter de me casser les couilles ! »

Sergi Lopez dans ***Turf***

« Une grève surprise ? Bravo ! (…) Vous semblez oublier, mes amis, que vous n'êtes que des salariés, c'est-à-dire les êtres les plus vulnérables du monde capitaliste… des chômeurs en puissance ! (…) C'est pourquoi, mes amis, si vous avez des revendications de salaire à formuler, vous m'adressez une note écrite et je la fous au panier et on n'en parle plus. Nous sommes bien d'accord ? Alors au boulot ! »

Bernard Blier dans ***Un idiot à Paris***

Un idiot à Paris
Serge Korber, 1967

« Si vous avez un problème, vous vous débrouillez ! »

Asil Rais dans ***La Très Très Grande Entreprise***

« Ton nom ne me revient pas, ta gueule ne me revient pas et je n'ai aucune pitié pour les branleurs de ta catégorie. Je les élimine. Je me suis bien fait comprendre ? »

Leon Russom dans ***The Big Lebowski***

« Moi, quand je pose une question idiote, je ne veux pas d'une réponse à la con. Par contre, quand l'un de vous pose une question à la con, j'exige une réponse carrément intelligente, c'est clair ? »

Claude Brasseur dans ***La Crime***

« Toi, tu fermes ta gueule ! Quand je voudrai t'entendre, j'enfoncerai mon avant-bras dans ton cul et j'actionnerais ta bouche comme une marionnette ! T'as pigé ? »

Samuel L. Jackson dans ***Very Bad Cops***

« Ce que j'essaie de dire...
– N'essayez rien, vous ratez tout. »

Théo Frilet et Michel Blanc dans ***Nos 18 ans***

« *Si tu réussis, je te couvrirai d'or. Mais si tu échoues, je te jetterai aux crocodiles.* »

Monica Bellucci dans ***Astérix et Obélix : mission Cléopâtre***

« C'est bien, ça, Brossard ! Je vous croyais gâteux, fini, éclusé, bon pour les petits ménages. Mais voilà que le citron donne encore quelques gouttes ! »

Louis de Funès dans ***Carambolages***

Carambolages
Marcel Bluwal, 1963

« *Pour baiser les enculés, faut des méthodes d'enculés.* »

Gérard Lanvin dans ***Trois Zéros***

« Tu sais ce que tu vas faire ?
Tu vas arrêter avec tes airs de
"Monsieur, votre bite a un goût",
tu vas ranger ta honte dans
ta poche et tu vas te battre ! »

Benoît Poelvoorde dans
Les Portes de la gloire

Vous êtes sur une fine pellicule de glace, mes chers petits messieurs. Et je serai en-dessous quand elle cèdera.

Alan Ford dans ***Snatch***

« Luke, tu ne réalises pas encore
ton importance. Tu commences juste
à découvrir ton pouvoir. Sois mon allié,
et je terminerai ta formation. Si nous
associons nos forces, nous mettrons
fin à ce conflit destructeur et ramènerons
l'ordre dans la galaxie. »

James Earl Jones dans ***L'Empire contre-attaque***

Renvoyer **ses employés**

« Allez, casse-toi ! Tu iras passer l'hiver ailleurs ! Et pars dans la dignité, inutile de dire au revoir aux autres. »

Benoît Poelvoorde dans ***Podium***

« Qu'est-ce qui se passe, patron ? Vous êtes fâché ?
– Fâché ? Oh mais pas du tout ! Un type comme vous, faut connaître, c'est une attraction ! Allez maintenant, vos hardes et la porte ! (…) Qu'est-ce que vous attendez ?
Des indemnités ? Le mois double ? Ou mon pied au cul ? »

Jean-Paul Belmondo et Paul Mercey dans ***Tendre Voyou***

« Tu veux dire que si tu ne fais pas le travail pour lequel je te verse un salaire, c'est qu'il n'y a pas vraiment de travail pour toi ?
C'est ce que t'as voulu dire ? Tu es en train d'essayer de me convaincre que t'es aussi utile ici qu'un trou du cul [au coude] ?
Eh ben, tu veux que je te dise ?
Ça y est, tu viens juste de me convaincre, te fatigue plus. »

Larry Bishop dans ***Kill Bill Volume 2***

« Va falloir que tu prennes une décision : tu veux continuer à bosser ici ou tu veux continuer à vivre ? »

Whoopi Goldberg dans ***Jumpin' Jack Flash***

« Je me demande si vous méritez de travailler toujours pour nous. Je pense que je vais vous virer !

– Mais pour quelle raison ?

– Oh ben, ça… c'est pas un problème, on en trouvera une. »

François Berléand et Guillaume Canet dans ***Mon idole***

Mon idole
Guillaume Canet, 2002

« C'est pas compliqué, si vous me virez, demain je convoque la presse et je dis à tout le pays que vous me traitez comme une merde !

– Mais vous êtes une merde, Cardoux ! »

Kad Merad et Olivier Baroux dans ***Un ticket pour l'espace***

« J'apprécie votre fidélité à l'entreprise. D'ailleurs, je vais vous confier la responsabilité du lancement de notre nouveau modèle.
– Vous ne le regretterez pas, Charles. Alors, comment il s'appelle, ce nouveau modèle ?
– Le Pôle Emploi ! C'est un modèle unique, révolutionnaire, à une seule porte : celle-là ! »

Roland Giraud et Philippe Lefebvre dans ***L'Italien***

« Il faut que je me sépare de quatre d'entre vous. Eh oui, les bons résultats ne sont qu'une façade, l'agence traverse une crise, provisoire je l'espère mais douloureuse quand même. (…) Le courage me manque pour désigner comme ça quatre victimes. Alors, j'ai décidé de faire ça sous forme de jeu. Les chaises musicales, je suppose que tout le monde connaît ça ? (…) Celui qui restera debout aura perdu sa place à la table et à l'agence. Je ne peux pas être plus clair. »

Jean Poiret dans ***Que les gros salaires lèvent le doigt !***

Excuser **son retard**

« J'ai eu une panne d'essence ! Et tous les pneus ont crevé ! J'avais pas de quoi prendre le métro et les taxis étaient en grève ! Mon smoking avait rétréci ! Ma tante a débarqué chez moi ! On m'avait volé ma voiture ! La terre a tremblé trois fois ! Y'a eu une invasion de sauterelles ! Je t'assure que c'était pas ma faute, j'en fais le serment devant Dieu ! »

John Belushi dans ***The Blues Brothers***

The Blues Brothers
John Landis, 1980

« Pourquoi êtes-vous si en retard ?
– Je suis descendu d'avion sans parachute. »

Lois Maxwell et Roger Moore dans ***Moonraker***

« J'ai crevé !
– Sois tu changes d'excuse,
sois tu changes de pneu ! »

Mathieu Kassovitz et Andrée Damant dans ***Métisse***

« Vous êtes en retard.
– Un magicien n'est jamais en retard, Frodon Sacquet. Ni en avance d'ailleurs, il arrive précisément à l'heure prévue ! »

Elijah Wood et Ian McKellen dans ***Le Seigneur des anneaux : la communauté de l'anneau***

« Je suppose que vous avez une bonne raison d'être en retard ? (...)
– Eh bien, en fait, ce matin, j'ai eu un accident de petit déj' et je me suis coincé le Choco Pops dans le nez. »

Lise Lamétrie et Jérémy Kapone dans ***LOL (Laughing Out Loud)***

Remettre son chef (ou un collègue) **à sa place**

Je vais aller direct au sommet, et tu viendras avec moi, tu seras mon bras droit.
– Vu ce que tu fais avec ta main droite, non merci !

Jack Black et Michael Cera dans
L'An 1 : des débuts difficiles

« Vous pourriez frapper !
– Oh vous, ne me tentez pas, hein ! »

Jean-Loup Philippe et Roger Pierre dans ***Les Gros Bras***

« Vous seriez gentil d'ouvrir la porte, de sortir et de la refermer, merci ! »

Constance Zimmer dans ***Bad Boss***

« Si vous m'aidez à résoudre cette affaire, vous êtes libre, sur la vie de mes enfants.
– Je les ai vus, vos enfants, ce serait pas une grosse perte. »

Jason Jones et Terence Stamp dans ***Art of Steal***

« J'aimerais bien que tu ne prennes pas à ma place les décisions qui me concernent ou alors, tu verras qu'un jour, ça arrivera.
– Mais quoi ?
– Tu sais, Lucien, entre nous, y'a longtemps que ça me démange.
– Quoi ?
– L'envie de te gifler. »

Alain Delon et Daniel Ceccaldi dans ***Mort d'un pourri***

Mort d'un pourri
Georges Lautner, 1977

« Mettez-vous à ma place, M. Cutter.
Franchement, qu'est-ce que vous feriez ?
– Je me flinguerais, moi ! »

Ernie Lively et Wesley Snipes dans ***Passager 57***

« Hakuna matata, pétasse ! »

Sacha Baron Cohen dans ***Ricky Bobby : roi du circuit***

« Vous êtes plus intelligent que vous n'en avez l'air.
– Ça vaut bien mieux que d'avoir l'air
plus intelligent qu'on ne l'est. »

Pierce Brosnan et John Cleese dans ***Meurs un autre jour***

« Si rester ici sous-entend travailler à dix mètres de vous, je préfère encore me faire embaucher pour torcher le cul de Saddam Hussein. »

Renée Zellweger dans
Le Journal de Bridget Jones

Le Journal de Bridget Jones
Sharon Maguire, 2001

« Vous ne savez pas à qui vous vous adressez ? Vous ne savez pas qui je suis ?
– Oh, si ! Vous êtes un grand homme, par la taille. »

Bradford Dillman et Clint Eastwood dans
Sudden Impact – Le Retour de l'Inspecteur Harry

« Moi, la connerie comme ça, à l'état brut, ça me rend malade, malade ! »

Daniel Auteuil dans ***Pour 100 briques, t'as plus rien...***

« Bon, je vais arrêter de tourner autour du pot et vous dire le fond de ma pensée : vous n'êtes qu'un minable. »

Warren Oates dans ***Les Bleus***

« À mon avis, en ce moment, vous servirez plus la police en travaillant avec moi aux relations publiques.
– Vous savez, les avis c'est comme les trous du cul : tout le monde en a un ! »

Michael Goodwin et Clint Eastwood dans
L'inspecteur Harry est la dernière cible

L'inspecteur Harry est la dernière cible
Buddy Van Horn, 1988

« Vous avez gâché un plan bien huilé.
– Ouais, eh bien puisqu'il est si bien huilé, ton plan, tu sais où tu peux te le carrer ? »

Jeremy Irons et Samuel L. Jackson dans
Une journée en enfer

« On devrait embaucher quelqu'un pour nous aider parce que, voyez-vous, à la naissance, ils m'ont donné deux bras, deux jambes, et ils ont oublié la deuxième tête. »

Evelyne Dress dans ***Pas d'amour sans amour***

« Mahoney, pour quelle sorte de zigoto
est-ce que vous me prenez ?
– Un trou du cul ? »

Art Metrano et Steve Guttenberg dans
Police Academy 2 : au boulot !

« Je suis très déçu. Cela n'aura pas d'incidence sur notre travail, je sais faire la part des choses. Sur le plan humain, je tiens à te dire que je te prends pour un enculé ! »

Philippe Khorsand dans ***Mes meilleurs copains***

« Le jour où t'organises un dîner de cons, tu pourras manger tout seul. »

Alice David dans ***Babysitting***

« Eh, je cherche les couilles du capitaine Woods ! Elles sont grosses comme ça, mais vues à la loupe, genre tête d'épingle ou genre roulement à billes de jouet. Vous voyez une burne de mulot ? La moitié de cette taille. Des couilles en modèle réduit, du XXS, des couilles de p'tite écolière, si les écolières en avaient ! Donc, si vous voyez des couilles de souris ou de musaraigne, des couilles de virus de la teigne, rabougries et fripées, vous me téléphonez ! Je pourrais peut-être lui regreffer dans le scrotum ! »

Melissa McCarthy dans ***Les Flingueuses***

« Retire le manche à balais que tu as dans le derrière et tout ira bien. »

John Candy dans ***L'Oncle Buck***

« Tu peux m'ôter d'un doute pénible ? Est-ce que tu sais que tu es un incapable ? »

Gérard Lanvin dans ***San-Antonio***

« Le jour où on mettra des cons dans un panier, tu seras pas sur le couvercle ! »

Bernard Blier dans ***C'est pas parce qu'on a rien à dire qu'il faut fermer sa gueule***

« Mon supérieur veut vous voir.
– Ah, lequel ? Il y a tellement de gens qui vous sont supérieurs. »

Gregory Walcott et Clint Eastwood dans ***La Sanction***

La Sanction
Clint Eastwood, 1975

« Toi, je te clique, je te double-clique, je te mets dans la corbeille et je la vide ! »

Vincent Desagnat dans ***Cyprien***

En famille

Se lâcher sur **son gendre ou sa belle-fille**

*« C'est pas une fille, c'est un poisson !
De loin, elle brille, de près, elle pue ! »*

Michel Vuillermoz dans ***Le Créateur***

« Il y a des pendules qui marquent deux heures, qui en sonnent quatre et il est midi moins le quart. Eh ben, ton ami Régis, il est comme ça, il sonne faux. »

Jean Gabin dans ***Pépé le Moko***

« Au bal des connards,
il sera pas à l'orchestre ! »

Claude Brasseur dans ***Un éléphant ça trompe énormément***

« C'est un p'tit con et c'est le fils d'un vieux con. »

Jean-Paul Belmondo dans ***Joyeuses Pâques***

« Te vexe pas, je vais te dire un truc un peu personnel : ta femme, c'est une pute ! »

Danny de Vito dans ***Braquages***

« Je voudrais bien savoir de quel ventre il est sorti, celui-là ! »

Simone Signoret dans ***Police Python 357***

« Beau mec, beau sourire, mais rien dans le cigare. »

François Périer dans ***Max et les ferrailleurs***

Coup de tête
Jean-Jacques Annaud, 1979

« Y'a le primate qui nous invite à dîner ! »

Jean Bouise dans ***Coup de tête***

« Pourquoi tu l'épouses ?
C'est le prototype du gros con. »

Hugh Jackman dans ***Wolverine : le combat de l'immortel***

« Tu le surestimes. Il a du cran,
je te l'accorde, mais côté méninges,
je te dis pas ! On dirait qu'il a plongé bille
en tête dans un puits de 50 cm ! »

Jennifer Jason Leigh dans ***Les 8 Salopards***

Chaque fois que je le revois, ça me fait un choc. Il est de plus en plus moche.

Dominique Boschero dans ***Cherchez l'idole***

« J'ai un mauvais feeling avec Martin. On dirait un pitbull constipé croisé avec une limace. C'est juste une impression. »

Ben Stiller dans
Les Femmes de ses rêves

« Écoutez, je vais vous donner un petit conseil, que j'ai souvent donné à mes deux filles, d'ailleurs : démerdez-vous ! »

Chantal Ladesou dans
C'est quoi, cette famille ?!

« Il est bien ce garçon, c'est le type même de l'abruti. »

Jacques Morel dans ***Topaze***

« Tu te rends compte, il va faire partie de la famille, maintenant ! On va le voir tout le temps, jusqu'à ce qu'on meurt ou qu'on émigre ! »

Michel Blanc dans ***Une petite zone de turbulences***

« **Vous êtes si maladroit, vous me faites penser à une porcelaine dans une boutique d'éléphants !** »

Sylvia Miles dans ***Meurtre au soleil***

Se lâcher sur **sa belle-mère ou son beau-père**

« Eh oh, madame je-marche-sur-l'eau-et-je-fais-jamais-caca, tu fermes ta gueule, ok ? »

Charlotte Gabris dans ***Demi-sœurs***

« Quand je pense à cette salope, cette garce ! Quand on la regarde de près, il y a tellement de lignes sur son visage qu'on pourrait y faire passer dix trains ! »

Elisabeth Taylor dans ***Le miroir se brisa***

Le miroir se brisa
Guy Hamilton, 1980

« Qu'est-ce que vous foutez là ? Même le dimanche, vous faites chier le monde ? Faut vous fixer des limites, mon vieux, vous allez être surmené ! »

Jean-Paul Belmondo dans ***Une chance sur deux***

« Vous, surveillez votre santé, vous occupez pas de la mienne, je suis assez vieille pour ça.
– Oh ça, c'est certain ! »

Marjorie Bennett et Tony Curtis dans ***Les Pièges de Broadway***

« Ça me coupe l'appétit de voir sa sale gueule. »

Bud Spencer dans *Maintenant on l'appelle Plata*

« Bon rétablissement, espèce de fumier ! »

Robert Downey Jr dans *Iron Man 3*

« Je suis dans un métier de cons, les gens sont jugés sur leur apparence. Tout le monde est jeune, beau.
– Eh ben, tu dois faire tache, alors, avec ton gros cul ! »

Julie Delpy et Dany Boon dans *Lolo*

“Le jour où vous serez dans le trou, je mettrai sur votre tombe quelque chose qu'on ne prendra pas pour une fleur !”

Harry Morgan dans *Le Dernier des géants*

« Vous avez la déplorable habitude de survivre ! »

Louis Jourdan dans ***Octopussy***

« *Vous en avez pas marre d'être chiante ?* »

Pierre Richard dans ***Mme Mills, une voisine si parfaite***

« Avec tout le respect
que je vous dois, ta gueule ! »

Sabrina Ouazani dans ***Demi-sœurs***

« Il faut que vous sachiez une chose : chaque fois que je vous regarde en face, je me retiens pour ne pas vous égorger. »

Scott Glenn dans ***Les Pleins Pouvoirs***

« Venez donc manger avec nous samedi, qu'on apprenne à vous connaître un petit peu mieux.
– Non, sans façon. C'est pas vous, c'est juste que je déteste manger avec des gens. »

Kerri Kenney-Silver et Paul Rudd dans ***Les Grands Frères***

« C'est pas les trompes qu'il faut lui ligaturer, à elle, c'est les cordes vocales ! »

Marina Fois dans ***Le code a changé***

« Elle en est à son quatrième lifting, elle peut même plus bailler ! »

Richard Berry dans
Un grand cri d'amour

Tout balancer **une fois pour toutes**

« Bastien, je te dois la vérité : il faut vraiment que j'aime ta sœur pour supporter un beau-frère aussi con. »

Louis Velle dans ***Le Permis de conduire***

« Vous oubliez une chose tous autant que vous êtes : les avares meurent toujours les derniers ! »

Claude Rich dans ***Le crime est notre affaire***

« Donc, c'est vrai, il est bien mort ? Lui qui était si impatient d'hériter. Salut l'artiste ! Par ici la sortie ! »

Claude Rich dans ***Le crime est notre affaire***

« Toi, la vieille, ferme ta gueule ! Et compte pas sur moi à la prochaine canicule ! »

Chantal Lauby dans ***Bancs publics (Versailles rive droite)***

« Je suis vieux, hein, je suis moche, je te fatigue !
– Non, tu m'emmerdes ! »

Lucien Raimbourg et Lino Ventura dans ***125, rue Montmartre***

« Rien que de penser à la chair de ma chair, ça me rend végétarien. »

Philippe Noiret dans ***Mes chers amis***

« La femme de ton frère a épousé un imbécile, elle s'est retrouvée avec un crétin. Ça l'a pas dépaysé. »

Paul Faivre dans ***Le Sang à la tête***

« Écoute bien : tes problèmes de boulot, tes problèmes avec ta femme, tes problèmes de fric, tes problèmes en général et en particulier, moi ta mère, je m'en fous comme de l'an quarante, tu m'entends ? Je m'en fous mais alors, je m'en fous, je ne peux pas te dire à quel point je m'en fous ! Je n'en ai vraiment rien, rien, rien à foutre ! (…) Je vais te dire encore mieux : non seulement je me fous de tes problèmes mais je me fous également des problèmes de ta sœur ! Je m'en fous totalement. Attends, il y a encore plus rigolo : je me fous royalement des problèmes de ton père ! »

Maria Pacôme dans ***La Crise***

« Je vais te dire un truc. Tu sais ce qu'il m'a dit, grand-père, un jour ? Il m'a dit "C'est bien triste mais ton père est un crétin." »

Guillaume Depardieu dans ***Les Apprentis***

« On peut se parler, quand même ! Toi, t'es pas content de me voir ?
– TA GUEULE !!! Putain, Maman ! TA GUEU-LE !!! »

Martine Demaret et Romain Duris dans ***L'Auberge espagnole***

L'Auberge espagnole
Cédric Klapisch, 2002

« Elle est gentille, ma fille, hein ?
– Oui, mais qu'est-ce qu'elle est laide ! »

Madeleine Cheminat et Tsilla Chelton dans ***Tatie Danielle***

“Il y en a qui ont des hémorroïdes, moi j'ai mes enfants.”

Chus Lampreave dans ***Torrente***

« Bon d'accord, elle est chiante, fragile, névrosée, mais je vais quand même l'épouser et je vous emmerde ! »

Jean-Hugues Anglade dans ***Les Marmottes***

« Eh, Chris, tu pourrais nous faire une petite faveur ? Suicide-toi, s'il-te-plaît. »

Thomas Haden Church dans ***Killer Joe***

« Je vous laisse entre frères. Enfin, plutôt entre connards ! »

Isabelle Candelier dans ***Bon rétablissement !***

« Vous pensez toutes que je vous déteste, c'est pas vrai, j'aime tout le monde. Mais personne ne comprend ma façon d'aimer, on croit que c'est de la haine.
– Comme le bon vin qu'on boit pas, ça fait du vinaigre. »

Isabelle Huppert et Ludivine Sagnier dans ***8 Femmes***

« Je vous emmerde tous avec vos dimanches et votre gigot à la con ! »

Michel Piccoli dans ***Vincent, François, Paul et les autres***

Vincent, François, Paul... et les autres
Claude Sautet, 1974

« Quand ils étaient petits, (mes enfants) étaient mignons, oui mais à l'âge qu'ils ont, c'est l'horreur ! Ils sentent des pieds, ils sont tout collants, ils n'arrêtent pas de dire des choses horribles et il y a des traces blanches sur tout le linge de la maison. D'accord ? C'est répugnant ! Une couverture s'est cassée entre mes mains, elle s'est cassée en deux ! »

Wendi McLendon-Covey dans ***Mes meilleures amies***

« Et alors, Mamie, ça y est, elle est à la maison ?
– Non, t'es fou ! Mamie, c'est comme les glaces, faut pas les sortir trop tôt du frigo, sinon ça coule ! »

Éric Carrière et François Ginibre dans ***Repas de famille***

« Mais tu peux pas t'occuper de ton cul pour une fois ? Ça te suffit pas d'avoir transformé mon frère en légume, faut que tu fasses chier toute la famille ? Fous-moi la paix ! »

Michel Blanc dans ***Une petite zone de turbulences***

Se disputer **avec ses enfants**

« Enfin papa, merde ! Pourquoi est-ce que tu te donnes autant de mal pour être désagréable ?
– Je ne me donne absolument aucun mal pour être désagréable, je suis naturellement désagréable ! Tu devrais le savoir depuis le temps. »

Michèle Laroque et Jean-Pierre Marielle dans ***Max et Jérémie***

« Tu veux pas arrêter ?
Ça me casse les oreilles !
– Mais quoi ? J'ai le droit de m'exprimer, quand même !
– Oui ben, je vais t'exprimer une baffe, moi, tu vas voir ! »

Gérard Depardieu et Vincent Lacoste dans
Astérix et Obélix : au service de sa majesté

Astérix et Obélix : au service de sa majesté
Laurent Tirard, 2012

« Va te chier dans les doigts ! »

Jerry O'Connell dans ***Stand By Me***

« Oh, je vois clairement
où tu veux en venir !
Tu vas encore me dire que
je suis un bon à rien !
– Oh, que non ! Bon à rien,
mais ça serait encore trop dire !
Tu n'es pas bon à rien,
tu es mauvais à tout ! »

Fernandel et Charpin dans ***Le Schpountz***

« L'avenir, je m'en branle !
– Non, Tony, ne dis pas que
t'en as rien à foutre de ton avenir.
C'est l'avenir qu'en a rien à foutre
de toi. Il te rattrapera un jour
et il se moquera de toi. »

Sam Coppola et John Travolta dans
La Fièvre du samedi soir

La Fièvre du samedi soir
John Badham, 1977

« Quand on fera danser les couillons,
tu seras pas à l'orchestre ! »

Raimu dans ***Marius***

« Je suis ton père !
– Non, ce n'est pas vrai !
C'est impossible !
– Lis dans ton cœur,
tu sauras que c'est vrai.
– Noooooon,
noooooon ! »

James Earl Jones et Mark Hamill dans
L'Empire contre-attaque

« Si jeune
et déjà un gros con. »

Hugh Jackman dans ***X-Men : Days of Future Past***

**“Je suis ton fils,
tu vas pas me laisser tomber ?
– Pourquoi ?
– T'as déjà foutu
ma jeunesse en l'air !
– Et comment j'aurais fait ?
J'étais jamais là ! ”**

Kevin Kline (fils) et Kevin Kline (père)
dans ***Créatures féroces***

« Ça ira, fiston. Il est temps de prendre un nouveau départ. (…) Je vais te désadopter. “Désadopter” n’est peut-être pas le terme exact. Renier, c’est comme ça qu’on dit, plutôt. »

William Fichtner dans ***Les Rois du patin***

« Non mais t’as quel âge ?
– L’âge que j’ai ?
Je suis dans la fleur
de ma jeunesse
et on est jeune qu’une fois.
– Ouais mais t’en fais pas,
quand on est con comme toi,
c’est pour la vie ! »

River Phoenix et Carey Feldman dans ***Stand By Me***

« Toi, en fait,
au lieu de dire,
“je vais à la banque”,
tu dis “je vais voir
mon père” ! »

Jean-Pierre Bacri dans ***Au bout du conte***

« Je suis presque majeur !
– Et mon pied
presque au cul,
ça te dit quelque chose ? »

Lilan Dugois et Thierry Neuvic dans ***C'est quoi, cette famille ?!***

« La vérité, c'est que tu es mou et paresseux !
Tu es tout le portrait de ton oncle Émile.
Celui-là, il passait jamais au soleil parce que
ça le fatiguait de traîner son ombre ! »

Raimu dans ***Marius***

« Les pinces génitales, tu les veux ? »

Michael Caine dans ***Le Plus Escroc des deux***

Ce que tu peux être con, mon pauvre vieux. Tu confondrais ta figure et tes miches !

Burt Reynolds dans ***Les Bootleggers***

Les Bootleggers
Joseph Sargent, 1973

Faire son **coming-out**

« Bon, alors voilà ! Je suis comme Jules César, Alexandre le Grand, Néron, Verlaine, Arthur Rimbaud, André Gide, les deux tiers de San Francisco, Jean Marais, Jean Cocteau... voilà, je suis pédé ! »

Quentin Baillot dans ***La Boîte***

« J'ai une histoire à vous raconter. Celle d'un garçon qui a toujours fait ce que ses parents voulaient, sans jamais dire ce qu'il voulait ni qui il était vraiment. Car ce garçon avait un problème, vous appelleriez ça un "défaut" : il aimait les garçons. (...) Ce garçon a caché ses tendances pendant des années. Il a même eu des copines pour faire comme les autres. (...) J'ai gâché trente ans de ma vie par peur de ce que pourriez penser. J'ai enfin le courage de vous le dire : je suis gay. »

Alessandro Preziosi dans ***Le premier qui l'a dit***

« Qu'est-ce que ça veut dire "être normal" ? C'est faire ce qu'on a envie de faire ! Si vous faites ce que vous avez envie, vous êtes normal ! (...) Ce qui n'est pas normal, c'est de ne pas faire ce que vous avez envie de faire. Pas être pédé, si vous êtes pédé. Pas être à voile et à vapeur si vous avez envie d'être à voile et à vapeur... »

Jean-Pierre Marielle dans ***Sex Shop***

« Ce n'est que très récemment que j'ai fini par réaliser qui j'étais. (...) C'était il y a deux jours. Quand je me lève tard, j'ai l'habitude d'allumer la télé, c'est une sorte de réflexe. Mercredi après-midi, ils rediffusaient *Le Royaume des bêtes*, un documentaire sur la vie animale avec Marlin Perkins, et en voyant ce séduisant et jeune garçon, ça a déclenché un truc en moi. Tout à coup, tout se remettait en place : je suis gay et je l'ai toujours été ! »

Chris Eigeman dans ***Les Derniers Jours du disco***

« Je suis pédé !

– Depuis quand ?

– Ça m'a pris récemment.

– Et ça t'a pris comment ?

– Par derrière. »

Pierre Arditi et Michael Lonsdale dans ***Les Acteurs***

Les Acteurs
Bertrand Blier, 2000

« C'est vous qui avez donné le goût du vice à madame Chanel et qui l'avez séduite ?
– Madame Chanel n'a pas eu besoin de moi pour découvrir le vice. Moi-même, j'ai tellement été déçue par les hommes que j'ai souvent préféré les bras tendres d'une femme. Et d'ailleurs, croyez-moi, l'amour entre deux femmes n'a rien de choquant.
C'est même un plaisir que vous devriez essayer pour vous laver des hommes. »

Catherine Deneuve et Fanny Ardant dans ***8 Femmes***

Au bistrot

Mon père disait toujours : "La cravate, c'est le passeport des connards."

Jacques Dutronc dans
À nous deux

« Qu'est-ce que la poule craint le plus ? De passer du coq à l'âne ! »

Jean-Pierre Darroussin dans
Bon rétablissement !

« Mon grand-père disait toujours qu'il vaut mieux être fort et bête que le contraire. »

Angel di Stefani dans
Les Trois Mousquetaires et demi

« *La seule chose qui s'arrange avec le temps, c'est le pinard !* »

Daniel Gélin dans ***Coup de jeune***

« Faut prendre le problème à la base, (...) faut pas se torcher le cul avant de chier ! »

Benoît Poelvoorde dans ***Mon pire cauchemar***

« Il fait une dépression. Ça arrive à un Français sur cinq. Comme les hémorroïdes. »

Philippe Girard dans ***Les Apprentis***

« Tant qu'on a du crédit, c'est comme si on était riche ! »

Jacques Brel dans ***Mon oncle Benjamin***

« Et ton fils, toujours dans l'humanitaire ?
– Oui. Enfin, il serait peut-être temps qu'il trouve un vrai travail parce que non seulement il est dans le bénévolat mais en plus, il est même pas payé. »

Gérard Lanvin et Jean-Pierre Darroussin dans ***Bon rétablissement !***

« Les femmes, c'est comme des enfants. Il ne faut jamais rien leur promettre qu'on ne puisse leur donner. »

Brigitte Bardot dans ***À cœur joie***

« L'avenir, c'est ce qu'on a inventé de mieux pour gâcher le présent. »

Brigitte Bardot dans ***Et Dieu… créa la femme***

« Quand il pleut, on se mouille. »

Robert de Niro dans ***Heat***

Heat
Michael Mann, 1995

Confucius disait : "Celui qui part avant arrive plus tôt."

Noëlle Perna dans ***Repas de famille***

« Quand on a la tête en beurre, faut pas s'approcher du four. »

Gérard Lanvin dans ***Trois Zéros***

« Au royaume des aveugles, les borgnes sont sourds ! »

Bernard Haller dans ***Je sais rien mais je dirai tout***

« La cuisine, c'est le seul art qui ne mente pas.
On peut se gourer sur la peinture,
sur la musique, mais sur la bouffe,
pas d'histoire, c'est bon ou c'est mauvais. »

Jean Yanne dans ***Que la bête meure***

« Dans la vie, on partage les emmerdements,
la misère, les femmes. On partage tout, sauf le fric. »

Michel Constantin dans ***L'Ardoise***

« Le mensonge,
c'est le début du plaisir. »

Daniel Gélin dans ***Coup de jeune***

« L'amour, c'est comme la gastro, aujourd'hui. Ça s'attrape n'importe où et ça se termine au pieu ! »

Sophie Marceau dans
Mme Mills, une voisine si parfaite

« L'amour, c'est comme la vitesse : c'est dépassé ! »

Gérard Depardieu dans ***Inspecteur la Bavure***

Inspecteur la Bavure
Claude Zidi, 1980

« La moelle de l'os, il y a des gens qui trouvent ça trop gras. Mais les gens qui trouvent ça gras, tu vois, c'est les mêmes qui bouffent des frites avec de la mayonnaise, c'est des connards. »

Benoît Poelvoorde dans ***7 jours pas plus***

« J'ai une philosophie dans la vie : chacun sa merde... Avec ça, on peut aller loin à condition de s'y tenir. »

Jean Yanne dans ***Je règle mon pas sur le pas de mon père***

« J'en ai marre que les cons saturent les ondes ! »

Thierry Lhermitte dans ***Quai d'Orsay***

« Les souvenirs, c'est comme le café, ça ne se réchauffe pas. »

Laurence Decaux dans ***Grabuge !***

« Papa disait toujours : "J'ai deux règles dans la vie : méfiance, méfiance !" »

Nelly Borgeaud dans ***Le Sucre***

« La bave du crapaud n'empêche pas la caravane de passer. »

Horst Frank dans ***Les Tontons flingueurs***

Les Tontons flingueurs
Georges Lautner, 1963

« L'amour, c'est très bon pour la santé.
C'est l'équivalent de cinq fruits et légumes par jour. »

Jonathan Cohen dans ***De plus belle***

**Les hommes,
c'est comme une théière :
petite tête, gros ventre
et queue toujours en l'air.**

Rachida Nemer dans ***Demi-sœurs***

« On devrait créer des brigades esthétiques
pour interdire le port du survêtement
en dehors de l'enceinte des stades. »

Jean Rochefort dans ***Tandem***

« L'amour, ça fait chier. »

Jake Jarvi dans ***Retour à la fac***

Parler **de la vie et de la mort**

« Je crois au sexe et à la mort.
Les deux choses qui comptent vraiment
dans la vie d'un homme. Mais avec la mort,
on est très rarement déçu. »

Woody Allen dans ***Woody et les robots***

« J'ai envie de m'ouvrir les veines avec un couvercle rouillé. »

Ary Abitan dans ***Dépression et des potes***

« Vous savez ce que dit Jean-Pierre Marielle ? "À partir de 50 ans, quand tu te réveilles le matin et que t'as mal nulle part, c'est que t'es mort." »

Michel Aumont dans
Bancs publics (Versailles rive droite)

« La vie n'est que l'interminable répétition d'une représentation qui n'aura jamais lieu. »

Artus de Pengern dans
Le Fabuleux Destin d'Amélie Poulain

Le Fabuleux Destin d'Amélie Poulain
Jean-Pierre Jeunet, 2001

« Est-ce que tu redoutes la mort ?
– La redouter, c'est peut-être beaucoup dire....
En avoir la trouille, certainement ! »

Woody Allen et Diane Keaton dans ***Guerre et amour***

« Un parachute qui s'ouvre pas,
y'a rien de mieux que ça ! Glisser sous les chenilles
d'un tracto-pelle, se faire arracher
les balloches par un Esquimau affamé,
voilà une belle fin ! »

Leslie Nielsen dans ***Y a-t-il un flic pour sauver la reine ?***

Parler **des étrangers**

« J'ai jamais aimé les Suisses. Ils font des espèces d'horloges avec des oiseaux qui en sortent on sait pas comment avec des marteaux et qui se tapent sur la tête. Faut une sale mentalité pour faire ça. »

Ricky Jay dans ***Braquages***

« En Italie, durant trente ans, ils ont eu les Borgia, la guerre civile et la terreur. On vous tuait pour un rien mais ils ont produit Michel-Ange, Léonard de Vinci et la Renaissance. Tandis qu'en Suisse, ils ont pratiqué la fraternité, ils ont connu durant cinq cents ans la démocratie et la paix… et ils ont produit une pendulette qui fait coucou ! »

Orson Welles dans ***Le Troisième Homme***

« Mais qu'est-ce que c'est que ces patakouèques ? »

Louis de Funès dans
Les Aventures de Rabbi Jacob

« Qu'est-ce que c'est encore que ces rastaquouères ? »

Michel Serrault dans ***Carambolages***

« Klovak ! Oh là là ! Ce mec-là dans son bled, il bouffait des racines. Ici, c'est champagne et compagnie, alors comment tu veux qu'il joue au foot ? »

Jean-Pierre Marielle dans ***... Comme la lune***

Les Suisses et les Italiens sont pas bons pour la guerre, mais pour le vélo, ils s'y connaissent ! Les Polonais, c'est de bons soldats, mais pour le vélo, pffff... !

Jean Gabin dans ***Les Vieux de la vieille***

Tout le monde parle d'infarctus,
de cirrhose, de cancer…
Ben moi, je dis que la pire maladie
des hommes, c'est de donner tout
son amour à une seule bonne femme !

Jean Gabin dans ***Le Pacha***

« Tu vois cette gonzesse, y a que le train qui lui est pas passé dessus. Eh ben, manque de bol, j'étais dedans ! »

Gérard Jugnot dans ***Pinot simple flic***

« Les femmes, on ne peut pas vivre avec, et on ne peut pas les tuer ! »

Tom Arnold dans ***True Lies***

Si j'avais des seins, je me les caresserais toute la journée !

Pierre Fabre dans
Domicile conjugal

Envoyés très spéciaux
Frédéric Auburtin, 2009

« Les femmes, c'est comme les couvertures. Tu les mets sur toi, t'as chaud, tu les enlèves, t'as froid. »

Omar Sy dans ***Envoyés très spéciaux***

« Les femmes au volant, c'est la lâcheté personnifiée ! »

Jean-Paul Belmondo dans *À bout de souffle*

« Les femmes, c'est comme les timbres : il y a les neufs et puis il y a les oblitérés. »

Michel Piccoli dans *Que les gros salaires lèvent le doigt*

Je n'ai aucune confiance en des êtres qui peuvent saigner cinq jours sans en crever.

Trey Parker dans *South Park le film*

« Les nerfs d'une femme, c'est un peu comme la météo, on n'y comprend pas grand-chose. »

Roger Riffard dans *Préparez vos mouchoirs*

« Il y a deux races de femmes : les frappées et les sournoises. »

Jean-Pierre Marielle dans ***Les Grands Ducs***

Les Grands Ducs
Patrice Leconte Auburtin, 1996

« Les femmes, comme un grand vin, s'améliorent avec l'âge. »

Eddie Kaye Thomas dans ***American Pie***

« Tu vois, moi, avec les femmes, je me focalise sur la quantité, pas la qualité. La qualité, je m'en fous ! C'est une façon à moi de participer à l'effort national. Je paie pas d'impôts mais je fourre du boudin ! »

Benoît Poelvoorde dans ***Mon pire cauchemar***

« Une femme, c'est comme un artichaut. Il faut se donner un peu de mal avant d'atteindre le cœur. »

Steve Martin dans ***La Panthère rose***

« Nous sommes le sexe faible ! Nous vivons moins longtemps que les femmes mais nous avons plus de crises cardiaques, plus d'attaques, plus de problèmes avec la prostate ! Alors, je dis : il est temps que ça change. Et je dis : à elles d'apporter leur paye et à nous de vivre à leurs crochets ! »

Steve Martin dans ***Le Plus Escroc des deux***

« Une femme belle, pour la draguer, il faut lui dire qu'elle est intelligente. Une femme intelligente, il faut lui dire qu'elle est belle. »

Louis Bourgoin dans ***L'Un dans l'autre***

Cette petite-lā, je la baiserais mal mais je la baiserais bien !

Un « vieux pervers » dans ***Domicile conjugal***

« Tu sais quelle différence il y a entre "exciter" et "énerver" ?

– Non.

– Ma femme, quand je l'ai rencontrée, elle m'excitait. Maintenant, elle m'énerve. »

Patrick Bruel et Richard Berry dans ***L'Union sacrée***

« Un ministre qui tiendrait
ses promesses,
ça serait un parjure ! »

Pauline Carton dans ***L'Armoire volante***

« *Vive la Suisse libre !* »

Jacques Brel dans ***L'aventure c'est l'aventure***

« Parfois, la vie est plus complexe.
Des gens de droite peuvent
faire des choses très bien
et les gens de gauche,
des saloperies.
– Non ! La gauche, c'est bien,
la droite, c'est tous des fachos !
Faut pas transiger là-dessus,
sinon c'est la fin de tout !
– Moi, je trouve ça con comme attitude ! »

Jacques Gamblin et Sara Forestier dans ***Le Nom des gens***

Le Nom des gens
Michel Leclerc, 2010

« Tu dois obéir aux consignes, tu es syndiqué !
– Oui, mais être syndiqué,
ça dispense pas d'être intelligent. »

Roland Giraud et Coluche dans ***Le Maître d'école***

« Si on coupait un peu plus souvent la tête des gens qui nous gouvernent, ils feraient moins de bêtises. C'est tout ce que j'ai à dire ! »

Michel Robin dans ***Les Maris, es femmes, les amants***

« Un goal de gauche, ça existe pas ! Parfaitement, un goal c'est individualiste.
C'est au milieu de sa cage, ça défend son petit coin de terre contre l'assaut des étrangers.
C'est xénophobe, c'est un poste de droite ! »

Bernard Campan dans ***Le Cœur des hommes***

« (Mai 68) c'était une grande partouze d'idées. On attendait les gonzesses et puis finalement, on s'est fini au poignet. Et tout le monde s'est rendormi. »

Thierry Frémont dans ***Les Démons de Jésus***

« C'est comment un ministre ?
– C'est rond, c'est chauve et ça a tout compris. »

Valérie Kaprisky et Claude Brasseur dans ***La Gitane***

« Tu sais ce que c'est, le capitalisme ?
C'est enculer les gens. »

Al Pacino dans ***Scarface***

« La France sera toujours la France,
et réciproquement ! »

Francis Blanche dans
Quand c'est parti, c'est parti

« Tu connais la différence
qu'il y a entre Vivaldi et la CGT ?
Eh bien, la CGT y'a pas
de saison ! »

Francis Ginibre dans ***Repas de famille***

« Le patronat français,
je l'encule. »

Victor Lanoux dans ***Y a-t-il un Français dans la salle ?***

On a enlevé les putains des maisons pour y installer la culture, installons la prostitution au Louvre !

Claude Rich dans ***Une veuve en or***

Une veuve en or
Michel Audiard, 1969

« Sur le plan de l'arnaque, les coups les plus tordus ne sont rien, vous entendez, rien, à côté de la peinture abstraite. »

Pierre Brasseur dans ***La Métamorphose des cloportes***

« Vous essaierez d'en écouter du jazz fusion ! Je vous mets au défi, n'importe qui, d'en écouter du jazz fusion ! Moi, si j'entends un autre musicien improviser ses états d'âme dans sa trompette, je me tire une balle ! »

Bruno Blanchet dans ***La Grande Séduction***

« Un marchand de tableaux est un voleur inscrit au registre du commerce. »

Jean-Paul Belmondo dans ***Flic ou voyou***

« Tu sais ce qu'on raconte à propos de Beethoven ? Il était tellement sourd qu'il a toujours cru qu'il faisait de la peinture ! »

Hubert Deschamps dans ***Ça va faire mal***

« La peinture, c'est comme l'armée, faut pas chercher à comprendre. »

Jean Gabin dans ***Le Soleil des voyous***

Chanter quand on a **un petit coup dans le nez**

« Et on lui pèlera le jonc
comme au bailli du Limousin,
qu'on a pendu un beau matin,
qu'on a pendu avec ses tripes !... »

Christian Clavier et Jean Réno dans ***Les Visiteurs***

« Moi, j'prends l'maquis, avec mes potes !
J'pars au bistrot, boire l'apéro !
C'est l'heure du Kir, du Picon-bière,
Du verre d'vin chaud,
du p'tit Pernod et du Beaujo ! »

Jean Rochefort et Jean-Pierre Marielle dans ***Calmos***

**Quand te reverrai-je,
pays merveilleux ?
Où ceux qui s'aiment,
vivent à deux ?**

Michel Blanc dans *Les Bronzés font du ski*

*« Nuits de Chine, nuits câlines, nuits d'amour !
Nuits d'ivresse, de tendresse !
Où l'on croit rêver jusqu'au lever du jour !
Nuits de Chine, nuits câlines, nuits d'amour !... »*

Jean Gabin et Jean-Paul Belmondo dans *Un singe en hiver*

Un singe en hiver
Henri Verneuil, 1962

L'art de la tchatche

« Tu m'as bien regardé, là ?
– Ouais, d'ailleurs, j'aimerais bien avoir ta gueule mais juste un soir, pour Halloween. »

Alban Lenoir et Jean Dujardin dans ***Brice 3*** de James Huth

« Enfant de salaud !
– Eh oui, chez moi, c'est un accident de naissance. Mais vous, monsieur, vous vous êtes fait vous-même. »

Ralph Bellamy et Lee Marvin dans ***Les Professionnels***

« Connard !
– "Monsieur" Connard ! »

Christian Bouillette et Coluche dans ***Le Maître d'école***

« Avec tout le respect que je vous dois, monsieur Dennit, j'ignorais qu'on avait pratiqué sur vous une ablation des testicules à titre expérimental. »

Will Ferrell dans ***Ricky Bobby : roi du circuit***

« La grande injure, c'est un art et pour ça, t'es trop bête. Note bien, t'as des excuses : tu fais le dernier des métiers et ta mère était le plus beau cas de vérole tertiaire du département. Quant à ton père, qui t'a même pas reconnu, je me suis laissé dire qu'il avait fini à Cayenne. Ça te fait un drôle de pedigree, hein ? »

Jean Gabin dans ***Le Tonnerre de Dieu***

« Tu m'as entendu, fils de putain ?
– Puisque les putains t'intéressent, je te propose de nous parler de ta mère. »

« un bandit » et Chen Lee dans ***Mon nom est Shanghai Joe***

« Vous faites quoi, au juste, comme métier ?
– Je m'occupe de mes affaires. »

Mike Myers et Robert Wagner dans ***Austin Powers***

Austin Powers
Jay Roach, 1997

« Va te faire foutre !
– Dans quelle position ? »

Joseph Cali et John Travolta dans ***La Fièvre du samedi soir***

« Ça va, papa, t'emballe pas comme ça ! (...)
– Dis donc, ça fait deux fois que tu m'appelles papa. Je sais que j'ai pas mal traîné, mais ça m'étonnerait que je sois ton père. Enfin, on ne sait jamais... T'aurais pas une photo de ta mère ? Ça me reviendra peut-être, j'ai dû me faire la moitié des putes de la ville. »

Arthur Pierce et Sean Connery dans ***Family Business***

« Alors, ma femme est grosse ?
– Elle est si grosse que j'ai dû la rouler dans la farine pour savoir où elle mouillait. Elle a tant de cellulite,
tu lui tapes sur les cuisses
et tu fais du surf. Elle est pas
si grosse que ça, mais pour
la prendre en photo j'ai dû
louer un avion. »

Badja Djola et Bruce Willis dans ***Le Dernier Samaritain***

« Toi, tu vas prendre ta pelle et ton seau, et tu vas nous faire un pâté ! »

Victor Lanoux dans ***Elle court, elle court, la banlieue***

T'es debout, là ?
– Ouais, pourquoi ?
– Non, parce qu'on dirait que t'es loin...

Jean Dujardin et « un barman » dans ***Brice de Nice***

Brice de Nice
James Huth, 2005

« On t'a jamais dit que si la connerie avait un forum, ça serait toi le webmaster ? »

Jean-Michel Lahmi dans ***Cyprien***

« Allez-vous faire foutre !
– Je n'en vois pas la nécessité, madame. »

Jill Ireland et Charles Bronson dans ***Protection rapprochée***

**“ Va te faire enculer !
– J'aime pas ça. ”**

Sven-Ole Thorsen et Rene Russo dans ***L'Arme fatale 3***

Rembarrer **avec vulgarité**

« Ouvre grand tes oreilles, ma jolie. Pourquoi t'allumes pas la mèche de ton tampon pour te faire exploser la tirelire ? Parce que toi, c'est vraiment le seul moyen que t'auras jamais de te faire sauter ! »

Terence Stamp dans ***Priscilla, folle du désert***

« Face de cul !
– Face de cul ? C'est pas mal, ça.
Faudra que je m'en souvienne
la prochaine fois que je sauterai ta mère. »

Andy Beckwith et Jason Statham dans ***Snatch***

« Merci.
– Je t'emmerde ! »

Joel Kinnaman et Margot Robbie
dans ***Suicide Squad***

« Écoute, pouilleux. Pour moi, tu n'es qu'une merde de chien qui s'étale sur un trottoir. Et tu sais ce qu'on fait d'une merde de ce genre ? On peut l'enlever soigneusement avec une pelle, on peut laisser la pluie et le vent la balayer ou bien on peut l'écraser.
Alors, si tu veux un conseil d'ami,
choisis bien l'endroit où on te chiera ! »

Clint Eastwood dans ***Sudden Impact – le Retour de l'Inspecteur Harry***

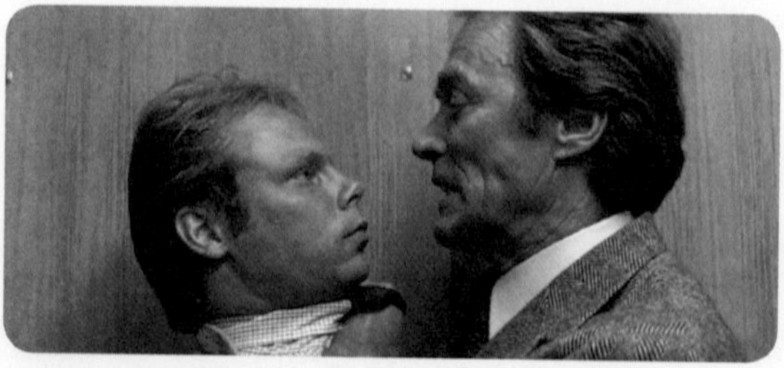

Sudden Impact – Le Retour de l'inspecteur Harry
Clint Eastwood, 1983

« Pourquoi t'es pressé comme ça, dis-moi ?
– Je vais au festival des connards.
Il paraît que t'es la tête d'affiche. »

Jake Gyllenhaal et Cas Anvar dans ***Source Code***

« Franchement, je te savais
un peu con mais là,
t'es carrément passé
champion du monde. »

Pierre Boulanger dans ***Nos 18 ans***

“

**Je comprends pas comment
tu peux crier comme ça.
– Je ne CRIE pas ! C'est ma voix
qui est plus forte que la tienne !
Comme ma bite !**

”

Edouard Baer et JoeyStarr dans ***Passe passe***

Appelle ta mère que je te recommence, toi !

Gérard Lanvin dans ***Tir groupé***

« J'espère pour ta mère que t'es pas fils unique ! »

Arnold Schwarzenegger dans ***Le Contrat***

« Écoute-moi bien, Raspoutine : quand tu seras devant moi, je vais taper tellement fort que tu vas te retrouver avec le trou du cul à la place des narines ! »

Jean-Paul Belmondo dans ***Une chance sur deux***

Une chance sur deux
Patrice Leconte, 1998

« Toi, tu as une grande bouche par rapport à ta moustache. Alors toi et tes petits copains les Schtroumpfs, vous vous mettez à la queue-leu-leu et vous allez vous enfiler ailleurs, d'accord ? »

Bruno Lochet dans ***La Grande Boucle***

« Je n'ai pas jugé opportun de vous mettre dans la confidence, Jack.
– Moi, je vais t'opportuniser la tronche dans cinq minutes ! »

Charles Grodin et Robert de Niro dans ***Midnight Run***

« Tu vas regretter ça le restant de ta vie, c'est-à-dire deux secondes. »

Sylvester Stallone dans ***Demolition Man***

« Si tu te pointes encore, tu peux être sûr que tu repars avec la bite dans un tupperware ! »

Chuck Norris dans ***Invasion USA***

« Si vous lui faites mal, je vous bouffe le foie. »

François Cluzet dans ***Rien ne va plus***

« Monte !
– Et si je monte pas, qu'est-ce que tu fais ?
– Oh ben, je te roule sur les pieds
et puis après, tu pourras demander
à Donald qu'il te prête ses pompes ! »

Yvan Le Bolloc'h et Bruno Solo dans ***Espace détente***

« *S'il en rajoute une, lui, il va moucher rouge pendant six moi, lui !* »

Gérard Lanvin dans ***Le Fils à Jo***

« Écoute, un jour normal, je te défoncerais la gueule… C'est un jour normal ! »

Mel Gibson dans ***L'Arme fatale 3***

L'Arme fatale 3
Richard Donner, 1992

« Je te conseille pas
de traîner dans les parkings
parce que si je te croise
un jour dans un coin calme,
toi, je te fais la tête façon
cubiste, rasoir et acide
chlorhydrique. Allez, gicle ! »

Jean Yanne dans ***Tenue correcte exigée***

Mettre fin
aux conversations

« M. Félix, vous allez foutre le camp. Je ne peux supporter votre tronche.
– Il ne faut pas se fier au physique des gens.
– Avec vous, si. Vous avez la gueule de travers et la mentalité biscornue, vous êtes synchrone. Allez hop, du vent ! »

Jean Gabin et Julien Carette dans ***Archimède le clochard***

Écoutez, je crois qu'il faut raison garder.
– Toi, tu vas ta gueule fermer !

Maurice Barthélémy et Gérard Depardieu dans ***RRRrrrr !!!***

« Écoute-moi, petite fiotte !
Tu sais comment il a réussi, le mime Marceau ?
– Euh… non !
– En fermant sa gueule ! »

Arsène Jiroyan et Christian Charmetant dans ***Les Truffes***

***« J'ai beau écarquiller les yeux, je ne vois rien.
– Tu sais, p'tite tête, c'est pas tellement les yeux qu'il faut ouvrir, c'est ta gueule qu'il faut fermer, tu verras tout de suite plus clair ! »***

Paul Koslo et Taylor Lacher dans ***Mr. Majestyk***

« Toi, ferme ta gueule !
– Merde, j'ai rien dit !
– Oui, mais t'allais dire quelque chose ! »

Gérard Darmon et Nicky Marbot dans ***Pédale dure***

« Alors ? Où est-ce que les missiles sont localisés ?
– Tout près.
– Où ça ?
– Dans ton cul ! »

Marc de Jonge et Richard Crenna dans ***Rambo III***

« Taisez-vous pour voir… Ah oui, c'est mieux ! »

Jean Dujardin dans ***Toutes les filles sont folles***

« Entre toi et moi, c'est à la vie, à la mort !
Tu peux me demander ce que tu veux !
– Ah ouais ? Alors, est-ce que tu peux bien fermer
ta gueule, s'il-te-plaît ? »

Vincent Lagaf' et Philippe Cura dans ***Le Baltringue***

« *T'as rien à dire ?*
– Si. Merde. »

Jean-Jacques Moreau et Michel Constantin dans ***Il était une fois un flic***

« Le truc bien avec le fermage de bouche, c'est que ça t'oblige à pas parler. »

Ryan Goslin dans ***The Nice Guys***

« Ça vous ennuie si je vous dis un truc un peu personnel ?
– Ouais et même beaucoup. À ta place, j'éviterais. »

James Krag et Bruce Willis dans ***Code Mercury***

« Je peux te poser une question ?
– Absolument pas. »

Luke Wilson et Jeremy Piven dans ***Retour à la fac***

Remonter le moral à un ami **avec humour**

« Je pense à une gonzesse, là.
J'ai mis le doigt dans un truc, mon vieux...
– Tant que c'est le doigt, tu risques pas d'attraper une maladie ! »

Gérard Jugnot et Martin Lamotte
dans ***Le Quart d'heure américain***

« J'ai mal au cœur...
– Oh ben, tant que t'as pas mal au cul, tu peux toujours t'asseoir dessus ! »

Kad Merad et Dany Boon dans ***Bienvenue chez les Ch'tis***

Bienvenue chez les Ch'tis
Dany Boon, 2008

« Je continue à espérer que ça va venir, qu'un beau matin, peut-être qu'en me réveillant, je vais me sentir amoureuse, la tête qui tourne, la fièvre, la nausée…
– C'est pas l'amour, c'est la grippe, ça. »

Brittany Murphy et Matthew Rhys dans ***Love (et ses petits désastres)***

« Je ne sais pas pourquoi je lui ai pas cassé
la gueule à ce grand con !
– Parce qu'il est grand ! »

Daniel Auteuil et Gérard Jugnot dans
Pour 100 briques, t'as plus rien...

« Bordel ! D'habitude, je vois que
mes lunettes. Quand je regarde n'importe où,
mes lunettes me sautent aux yeux !
Alors, le jour où je veux aller au cinéma,
elles sont volatilisées. C'est un des grands
malheurs de la vie, ça !
– Surtout comparé aux tremblements
de terre en Extrême-Orient ou au cancer
des testicules. »

Hugh Grant et Rhys Ifans dans ***Coup de foudre à Notting Hill***

« Dis donc, il a le scorbut, ton copain ? En tout cas, c'est les symptômes.
– Mais non, c'est sa femme et son môme, il les a dans la peau...
– Qu'il aille voir un dermato ! »

Agnès Soral et Michel Galabru dans ***Réveillon chez Bob***

Rembarrer un ami **qui veut vous réconforter**

« J'ai des neurones d'écureuil.

– Pourquoi tu dis ça ? T'es intelligente comme un singe !

– Ça, c'est vraiment une drôle d'expression, parce que, techniquement, les singes sont en-dessous de nous dans l'échelle de l'évolution. »

Marianne Verville et Édith Cochrane dans ***Aurélie Laflamme : les Pieds sur terre***

Aurélie Laflamme : les Pieds sur terre
Nicolas Monette, 2015

« Mon business est en faillite.
Y'a juste ma tondeuse et mon chien
qui ne sont pas hypothéqués.
C'est pas parce que j'ai pas essayé !
Mais là, toutes les banques
sont après moi... (...)
– Dis-toi qu'au moins, t'as la santé !
– Oui, oui, oui, oui, la santé... Je vais être en
pleine forme pour aller me jeter
devant le métro ! »

Marc Messier et Rémy Girard
dans ***Les Boys***

« Ça purge ton âme de pleurer de temps en temps. Ça te ferait du bien, tu sais !
– Oui, si je veux me purger, j'irai bouffer des pruneaux. »

Steven Seagal et Keenen Ivory Wayans
dans ***L'Ombre blanche***

« Il y a un vieux dicton en Italie, Tommy :
"On peut se brûler la langue si on vole un bol de soupe."
– Il y a un autre dicton en Irlande :
"Rien à foutre des vieux dictons italiens." »

Denis Farina et Bruce Willis dans ***Piège en eaux troubles***

Enfoncer un ami **pour l'aider à remonter**

« Faudrait que tu te laves les mains à l'eau chaude
pour aller chercher tes burnes dans le ventre de ta mère
parce qu'elles ont dû rester accrochées au cordon. »

Philippe Cura dans ***Espace détente***

« Elle est belle. Et moi, regardez-moi cette tronche !
– C'est vrai que vous êtes moche.
– Vous faites tout pour me remonter le moral, vous !
– Vous êtes dépressif, il ne faut surtout pas essayer de remonter le moral d'un dépressif. Vous êtes chiant, terne physiquement, sans avenir et plutôt con. Voilà ! Vous vous sentez mieux, non ? »

Daniel Auteuil et Michel Aumont dans ***Le Placard***

« C'est très bizarre, personne ne veut danser avec moi.
– Ça, c'est normal, c'est par ce que t'es chiant. Les gens, ils aiment pas, alors tu te retrouves tout seul. »

Jean-Michel Lamy et Frank Dubosc dans ***Bienvenue à bord***

« J'ai l'impression que c'est
le leitmotiv de ta vie :
tu te dégonfles tout le temps.
– Hein ? Mais qu'est-ce que
tu me chantes ?
– T'assumes des fautes que
tu n'as même pas commises,
tu t'excuses, tu viens bosser
quand t'es de congé,
tu mouftes jamais.
– Tu veux savoir ce qui
me gonfles ?
– C'est que c'est vrai que t'es
pas du genre à moufter. »

Jeff Anderson et Brian O'Halloran dans ***Clerks***

Clerks
Kevin Smith, 1994

***« Entre Catleen et moi, il n'y aura plus rien, c'est impossible...
– Faire dans le mélo, ça a l'air aussi naturel
pour toi que de chier par la bouche. »***

Jeff Anderson et Brian O'Halloran dans ***Clerks***

« Tu gobes tout, on dirait une truite ! »

Rie Rasmussen dans ***Angel-A***

« Je me dis que c'est quand même
pas mal d'avoir un pote qui a une vie de merde parce
qu'après, je regarde et ça me rend heureux. »

Manu Payet dans ***Sous le même toit***

Répondre ironiquement aux questions ennuyeuses

« Vous savez qu'il s'est pendu ?
– J'ai appris ça, oui. Et il s'est pendu comment ?
– Tout bêtement. Avec une corde. »

Jean-François Stévenin et Jacqueline Maillan
dans ***Y a-t-il un Français dans la salle ?***

« Tu portes des lunettes, toi, maintenant ? »
– Non, je suis testeur chez Afflelou ! »

Stéphan Guérin-Tillié et Olivier Brocheriou dans ***Quatre garçons pleins d'avenir***

Vous faites quoi dans la vie ?
– Je suis retraité, j'ai inventé l'eau tiède quand j'étais gosse.

Tanja Reichert et Robert Downey Jr dans ***Kiss Kiss Bang Bang***

« T'as jamais de remords vu ce que tu fais ? (...)
Comment tu peux réussir à dormir la nuit ?
– Je bois pas de café après 19 h. »

Jennifer Lopez et Jason Statham dans ***Parker***

« Qu'est-ce que tu fais à déjeuner ?
– Ben, je déjeune. »

Victor Lanoux et Jean Rochefort dans ***Nous irons tous au paradis***

Nous irons tous au paradis
Yves Robert, 1977

« Et ta réunion, comment ça s'est passé ?
– Il y a eu un début, un milieu et une fin. »

Will Smith et Eva Mendes dans ***Hitch, expert en séduction***

« Eh, où monte cet escalier ?
– Au-dessus. »

Dan Akroyd et Bill Murray dans ***SOS Fantômes***

« Alors ? Je klaxonne depuis tout à l'heure.
J'appelle et tu réponds pas, qu'est-ce que tu fous ?
On n'avait pas dit 9 h en bas ?
– T'es en voiture ?
– Non, j'ai un klaxon sur ma trottinette ! »

Nicolas Marié et André Dussolier dans ***Adopte un veuf***

« Vous cherchez du travail ?
– À vrai dire, on a oublié nos clubs de golf, alors autant bosser. »

Charles Bronson et Linda Cristal dans ***Mr. Majestyk***

« C'est un vrai (tatouage) ?
– Oh non, je passe trois heures tous les matins à me faire un dessin avec un stylo-bille noir. »

Wesley Snipes et Jason Statham dans ***Expandables 3***

« Tu n'as pas la télévision ? Alors, comment tu passes tes soirées ?
– Je me repose de mes journées. »

Alexis Martin et Gilles Renaud dans ***Les Mauvaises Herbes***

« Vous êtes encore là, vous ?
– Mais non, je suis aux Seychelles en stage de plongée, tu vois pas ? »

Christian Sinniger et Zinedine Soualem dans ***Tenue correcte exigée***

« Quand me paierez-vous
mes loyers en retard ?
– Je ne sais pas, je ne suis pas prophète ! »

Marcel Vallée et Fernandel dans ***Les Cinq Sous de Lavarède***

« Nick ! Oh, comment êtes-vous
si en forme malgré votre âge ?
Quel est votre secret ?
– Les drogues, ma chère, en masse
et tous les jours de l'année ! »

Annabel Armour dans ***Code Mercury***

Qu'est-ce que tu regardes ?
– La télé.

Florence Foresti
et Jeanne Astier
dans ***De plus belle***

« Puisqu'on n'est pas
à Scotland Yard, permettez-moi
de vous dire, messieurs,
que vous commencez
à me faire chier ! »

Michel Serrault dans
Garde à vue

Garde à vue
Claude Miller, 1981

« Non mais, dites donc !
– Ah ça va, vous, hein ! Écartez bien
les oreilles pour retenir le képi,
c'est tout ce qu'on vous demande ! »

Alain Bouvette et Anne Carrère dans ***Ces messieurs de la famille***

Tu portes ta carte d'inspecteur sur la figure ! Avoir l'air d'un faux jeton à ce point-là, je te jure que c'est vraiment de la franchise !

Jean Gabin dans ***Pépé le Moko***

« Savez-vous que vous avez grillé un stop à cent mètres d'ici ?
– Oui, oui, je sais. Justement, j'allais faire une marche arrière pour le respecter. »

Chris Lemmon et T.K. Carter dans ***Comme au bon vieux temps***

« Ta profession, ton nom !
– Ma profession ? Écoutez, je vais vous dire, je ne vous tutoie pas, alors je vous demanderais…
– Ta gueule !
– Mais justement, le respect de la personne humaine, voyez-vous… Vous me dites "Votre gueule !" et ça va bien. »

Daniel Prévost et Pierre Richard dans ***Je sais rien, mais je dirai tout***

Je sais rien, mais je dirai tout
Pierre Richard, 1973

« C'est de mon collègue ou de moi que vous vous foutez ?
– Ah, des deux ! Je me fous des deux ! »

Jean-Jacques Moreau et Louis de Funès dans ***Les Aventures de Rabbi Jacob***

« On parle pas aux condés, alors dégage ! »

Nicky Naude dans ***Les Rivières pourpres***

« Au nom de la loi, je vous arrête.
– Mon cul ! »

Omar Sharif et Jean-Paul Belmondo dans ***Le Casse***

« Qu'est-ce qu'il y a dans la voiture ?
– Y'a des sièges et un volant. »

Un « policier » et Jason Statham dans ***Snatch***

Assumer **son ego**

« Tu dirais que c'est quoi, ta plus grande qualité ?
– L'humilité. Je me vante pas trop de mes qualités. »

Bianca Gervais et Marianne Verville dans ***Aurélie Laflamme : les Pieds sur terre***

Aurélie Laflamme : les Pieds sur terre
Nicolas Monette, 2015

*« C'est du beau boulot, ce décollage, non ?
Vous savez qu'il m'arrive encore de m'épater moi-même ? »*

Harrison Ford dans ***La Guerre des étoiles***

« Écoutez, c'est moi le plus fort, actuellement. C'est simple, le matin quand je me lève, je pisse des litres de talent. »

Will Ferrell dans ***Ricky Bobby : roi du circuit***

« Ne pas reconnaître son talent, c'est faciliter la réussite des médiocres. »

Jean Gabin dans ***Le cave se rebiffe***

« Faute de talent, j'ai du génie. »

Alexandre Rignault dans ***Il faut vivre dangereusement***

« Des fois, je regrette : j'aurais jamais dû faire génie, c'est épuisant ! »

Jean-François Balmer dans ***Le Quart d'heure américain***

Mon idole
Guillaume Canet, 2002

« Le pouvoir, c'est quand tu es l'ultime décideur. Lorsque c'est toi qui choisis comment une conversation se termine, par exemple. Alors, là, c'est toi qui as le pouvoir. Aujourd'hui, en l'occurrence, c'est moi qui décide de comment on va se quitter. »

François Berléand dans ***Mon idole***

En vacances

Refuser **de partir**

« C'est dangereux comme tout, la mer. C'est plein de baigneurs qui se noient, de bateaux qui coulent, avec des anticyclones, des lames de fond, des icebergs ! (...) La mer est dangereuse, même s'il n'y a pas d'eau dedans. »

Mireille Darc dans ***Elle boit pas, elle fume pas, elle drague pas, mais... elle cause !***

« Le monde est un vaste bouillon de culture purulent. Alors, du Kenya, tu ramènes la gangrène, en Turquie, y'a les prisons, en Afrique, t'as les amibes, en Amérique du sud, la malaria... Tu vois, vraiment, y'a que chez soi qu'on est en sécurité ! »

Coluche dans ***Banzaï***

« J'ai horreur de la mer ! Je déteste l'eau, je ne sais pas nager. Je hais le soleil ! Je suis rouquin, j'ai la peau claire : je ne bronze pas, je grille ! (...) Il y a des araignées sur la plage. Tout ce qui a plus de deux pattes et qui me marche sur le ventre m'arrache des hurlements ! »

Woody Allen dans ***Tombe les filles et tais-toi***

« Moi, je suis allé une fois dans l'Ardèche, en colo. Je peux te dire, c'est l'angoisse ! Tu sais jamais ou t'es, y'a plein de routes qui mènent nulle part, y'a des pièges à loup, plein de gendarmes. Non, je le sens pas, moi... »

Jacques Dutronc dans ***L'Entourloupe***

« La Birmanie, c'est la route des Indes ; les Indes, c'est l'Orient ; l'Orient, c'est la Chine, et la Chine, c'est le péril jaune ! »

Michel Serrault dans ***Carambolages***

Carambolages
Marcel Bluwal, 1963

Avoir un avis arrêté **sur une destination**

Angerneau, c'est comme le cimetière : ça mérite le détour mais ça vaut pas le voyage.

Stéphane Boucher dans *Le Poulpe*

« J'ai tout de même pas mal voyagé. Ce qui me permet de vous dire en connaissance de cause que votre patelin est tarte comme il est pas permis. Et qu'il y fait un temps de merde ! »

Jean-Paul Belmondo dans ***Un singe en hiver***

« Londres, vous savez bien ? Fish, chips, tasses de thé, bouffe dégueu, temps de merde, Mary Poppins de mes deux ! Londres, quoi ! »

Dennis Farina dans ***Snatch***

Snatch
Guy Ritchie, 2000

« *La Grèce, (...) c'est un pays de tapettes en jupes !* »

Benoît Poelvoorde dans ***Mon pire cauchemar***

« Miami, c'est une chatte bien poilue
qui demande qu'à se faire fourrer ! »

Al Pacino dans ***Scarface***

« En Alaska, les gens ne sortent jamais.
Ils restent chez eux, couchés
devant un grand feu.
Ils font l'amour toute la journée. »

Linda Haynes dans ***Rolling Thunder***

« **Le Canada, tu sais ce que c'est ?
Moins 40 l'hiver, un de ces vents !
Tu traverses la rue et t'es emporté,
on te retrouve au printemps.** »

Robert Hossein dans ***La Petite Vertu***

« C'est très surfait, San Francisco, vous savez.
Le quartier chinois, les tramways,
on en a vite fait le tour. Alors, évidemment,
il y a du bon poisson, mais enfin... »

Xavier Saint-Macary dans ***Le Cavaleur***

« My flowers are beautiful ! »

Michel Galabru dans
Le Gendarme à New York

Le Gendarme à New York
Jean Girault, 1965

« Con-nichon-ah. »

Bernard Farcy dans ***Taxi 2***

“ Wollen Sie mit mir tanzen ? ”

Michel Blanc dans ***Les Bronzés***

« Vous êtes cons, les Américains.
– Je ne vois pas pourquoi.
– Si. La preuve, c'est que vous admirez La Fayette et Maurice Chevalier… alors que c'est justement les plus cons des Français… »

Jean-Paul Belmondo et Jean Seberg dans ***À bout de souffle***

I want to know who fucked my wife !!!

Gérard Jugnot dans ***Les Bronzés 3 : amis pour la vie***

« Toi pas parler français ? Alors, j't'emmerde ! »

Clément Michu dans ***À tout casser***

« Vous, les Anglais, vous vous croyez si supérieurs aux autres ! Eh bien, vous êtes la fiente de toute cette planète, une bande de crève-la-faims, pompeux, anguleux, mal fringués... Vous n'êtes qu'un tas de hooligans sexuellement sous-développés ! »

Kevin Kline dans ***Un poisson nommé Wanda***

Un poisson nommé Wanda
Charles Crichton, 1988

À un dîner

Donner son **avis** **sur les vins**

« Il est bon ce rouge, hein, il se boit comme de la p'tite bière.
– T'es gentil pour la p'tite bière… un Saint-Émilion 1971 !
Si tu préfères la bière, y'en a plein le frigo. »
Jean-Pierre Darroussin et Gérard Lanvin dans ***Mes meilleurs copains***

« Buvons un coup de rouge !
– Il me fout l'estomac en l'air, leur picrate. Il est trop vert ! »
Gérard Depardieu et Bernard Blier dans ***Buffet froid***

« Vin soi-disant du sud de la France, composé en réalité d'un tiers de vin italien, d'un tiers de vin grec et le reste, de colorants et de produits chimiques... »
Coluche dans ***L'Aile ou la Cuisse***

« Il est gouleyant, il a de la cuisse,
il attaque sèchement le palais,
il ne manque pas de retour !
Vous pouvez servir. »
Coluche dans ***L'Aile ou la Cuisse***

L'Aile ou la Cuisse
Claude Zidi, 1976

Justifier son **penchant pour l'alcool**

Moi, je ne suis pas Lawrence d'Arabie. Je ne traverse pas le désert sans boire.

Maurice Biraud dans ***Des pissenlits par la racine***

« Vous savez ce qu'on va faire, on va se payer un petit coup de champagne !
– Oh non, vous savez, je ne bois pas d'alcool.
– Mais voyons, Stanislas, le champagne ça n'a jamais été de l'alcool ! C'est la limonade des grandes personnes ! »

Bernadette Laffont et André Dussolier dans ***Une belle fille comme moi***

*« Quand on la glissera,
si on nous demande pourquoi on buvait,
ben on dira que c'est parce qu'on n'avait rien à dire. »*

Victor Lanoux dans ***Les Démons de Jésus***

« Qu'est-ce que je peux vous proposer ? Scotch ? Porto ?
– Oui, ça ira très bien, Scotch-Porto.
– Ensemble ?
– Oui, j'adore le vin cuit, mais je trouve le Porto trop doux, le Scotch lui redonne du dry ! »

Sophie Marceau et Marie-Christine Descouard dans ***Joyeuses Pâques***

« Manger des tripes sans cidre, c'est aller à Dieppe sans voir la mer. »

Jean Gabin dans ***Le Tatoué***

« Si je buvais moins, je serais un autre homme et j'y tiens pas. »

Jean Gabin dans ***Un singe en hiver***

« Je sais pas ce qu'ils mettent dans leur vodka-orange.
– De la vodka !
– Ah ben cherche pas, c'est ça. J'en ai bu six ou sept. Je dois faire une allergie : j'ai les yeux qui piquent. J'ai envie de dormir et de pleurer. »

Mélanie Thierry et Patrick Braoudé dans ***Quasimodo d'El Paris***

« Je bois pas ! J'ai souvent soif, c'est pas pareil. »

Benoît Poelvoorde dans ***Narco***

Narco
Tristan Aurouet et Gilles Lellouche, 2004

Une petite bière ?
– Non merci, je fais régime.
Mets-moi plutôt un whisky.

Philippe Grand'Henry et Michel Blanc dans ***Madame Édouard***

« Arrête de boire, Bruno ! Tu t'es vu, à boire tout le temps ?
– Mais je ne bois pas, je me désaltère par moments, voilà. »

Lorella Cravotta et Éric Carrière dans ***Repas de famille***

« Le Calvados, ça peut pas faire de mal. C'est de la pomme et du sucre. C'est extrêmement naturel. »

Jean-Marie Bon dans ***Le Cavaleur***

« Monsieur le préfet, votre dîner est nul, votre baraque est nulle et je vous emmerde tous ! »

Isabelle Adjani dans ***Subway***

Je vais faire pleurer le minou, je reviens tout de suite !

Melissa McCarthy dans ***Mes meilleures amies***

« Le mec qui me fera bouffer des champignons, il est pas encore né ! »

Bernard Blier dans ***Buffet froid***

« Je vais aller changer l'eau des olives ! »

Mel Gibson dans ***Very Bad Dads 2***

« Je vais drainer le python et je reviens ! »

Julian Barratt dans ***Mindhorn***

« (après un rot) Je crois que mon casse-dalle aux crevettes a envie de revoir la mer. »

Leslie Mann dans ***40 jours, toujours puceau***

« Belle soirée ! Je reconnais plein de vieilles peaux liftées. »

Leslie Nielsen dans ***Y a-t-il un flic pour sauver le président ?***

Y a-t-il un flic pour sauver le président ?
David Zucker, 1991

« Il faut que je fasse pleurer le cyclope. Vous avez bien entendu : "pleurer le cyclope" ! »

Steve Carell dans ***Max la menace***

“Vodka-Martini.
– Au shaker ou à la cuillère ?
– Qu’est-ce que j’en ai à foutre ?”

Daniel Craig et Dusan Pelech
dans ***Casino Royale***

Filmographie

007 Spectre
de Sam Mendes (2015)
écrit par John Logan, Neal Purvis, Robert Wade et Jez Butterworth

7 jours pas plus
écrit et réalisé par Héctor Cabello Reyes (2017)

8 Femmes
de François Ozon (2002)
écrit par François Ozon et Marina de Van

Les 8 Salopards
écrit et réalisé par Quentin Tarantino (2015)

20 ans d'écart
de David Moreau (2013)
écrit par Amro Hamzawi, David Moreau et Virginie Efira

40 ans, toujours puceau
de Judd Apatow (2005)
écrit par Judd Apatow et Steve Carell

48 Heures
de Walter Hill (1982)
écrit par Roger Spottiswoode, Walter Hill, Larry Gross et Steven E. de Souza

125, rue Montmartre
de Gilles Grangier (1959)
écrit par Jacques Robert, André Gillois, Gilles Grangier et Michel Audiard

À bout de souffle
de Jean-Luc Godard (1960)
écrit par Jean-Luc Godard et François Truffaut

À bout de souffle made in USA
de Jim McBride (1983)
écrit par Jim McBride et L.M. Kit Carson

À cœur joie
de Serge Bourguignon (1967)
écrit par Serge Bourguignon, Pascal Jardin et Vahé Katcha

Les Acteurs
écrit et réalisé par Bertrand Blier (2000)

Addicted To Love
de Griffin Dune (1997)
écrit par Robert Gordon

Adopte un veuf
de François Desagnat (2016)
écrit par Jérôme Corcos et Catherine Diament

Les Affranchis
de Martin Scorcese (1990)
écrit par Nicholas Pileggi et Martin Scorcese

L'Africain
de Philippe de Broca (1983)
écrit par Gérard Brach et Philippe de Broca

L'Aile ou la cuisse
de Claude Zidi (1976)
écrit par Claude Zidi et Michel Fabre

Alliance cherche doigt
de Jean-Pierre Mocky (1997)
écrit par Jacques Bacelon, Jean-Pierre Mocky et Dominique Noguez

American College
de John Landis (1978)
écrit par Harold Ramis, Douglas Kenney et Christopher Miller

American Pie
de Paul Weitz et Chris Weitz (1999)
écrit par Adam Herz

American Pie 2
de J.B. Rogers (2001)
écrit par David H. Steinberg et Adam Herz

À mort l'arbitre
de Jean-Pierre Mocky (1984)
écrit par Jean-Pierre Mocky et Jacques Dreux

L'amour, c'est mieux à deux
de Dominique Farrugia et Arnaud Lemort (2010)
écrit par Franck Dubosc et Arnaud Lemort

Amour et turbulences
de Alexandre Castagnetti (2013)
écrit par Vincent Angell et Nicolas Bedos

L'An 1 : des débuts difficiles
de Harold Ramis (2009)
écrit par Gene Stupnitsky, Harold Ramis et Lee Eisenberg

Angel-A
écrit et réalisé par Luc Besson (2005)

L'Année des méduses
écrit et réalisé par Christopher Franck (1984)

Annie Hall
de Woody Allen (1977)
écrit par Woody Allen et Marshall Brickman

À nous deux
écrit et réalisé par Claude Lelouch (1979)

Ant-Man
de Peyton Reed (2015)
écrit par Adam McKay et Paul Rudd

Anything else (la vie et tout le reste)
écrit et réalisé par Woody Allen (2003)

Les Apprentis
de Pierre Salvadori (1995)
écrit par Pierre Salvadori et Philippe Harel

Après vous...
de Pierre Salvadori (2003)
écrit par Pierre Salvadori, Benoît Graffin, David Léotard et Danièle Dubroux

Archimède le clochard
de Gilles Grangier (1959)
écrit par Albert Valentin, Gilles Grangier et Michel Audiard

L'Ardoise
écrit et réalisé par Claude Bernard-Aubert (1970)

L'Arme fatale 3
de Richard Donner (1992)
écrit par Jeffrey Boam et Robert Mark Kamen

L'Armoire volante
écrit et réalisé par Carlo Rim (1948)

L'Arnacœur
de Pascal Chaumeil (2010)
écrit par Laurent Zeitoun, Jeremy Doner et Yoann Gromb

Art of Steal
écrit et réalisé par Jonathan Sobo (2013)

Arrête ou ma mère va tirer !
de Roger Spottiswoode (1992)
écrit par Blake Snyder, William Osborne et William Davies

Association de malfaiteurs
de Claude Zidi (1987)
écrit par Claude Zidi, Michel Fabre, Didier Kaminka et Simon Michaël

Astérix et Obélix : au service de sa majesté
de Laurent Tirard (2013)
écrit par Laurent Tirard et Grégoire Vigneron

Astérix et Obélix : mission Cléopâtre
écrit et réalisé par Alain Chabat (2002)

À tout casser
de John Berry (1968)
écrit par John Berry et Guy Lionel

Au bout du conte
de Agnès Jaoui (2013)
écrit par Agnès Jaoui et Jean-Pierre Bacri

L'Auberge espagnole
écrit et réalisé par Cédric Klapisch (2002)

L'Auberge rouge
de Claude Autant-Lara (1951)
écrit par Jean Aurenche, Pierre Bost et Claude Autant-Lara

Aurélie Laflamme, les pieds sur terre
de Nicolas Monette (2015)
écrit par India Desjardins

Austin Powers
de Jay Roach (1997)
écrit par Mike Myers

Avengers
de Joss Whedon (2012)
écrit par Joss Whedon et Zak Penn

L'aventure c'est l'aventure
de Claude Lelouch (1972)
écrit par Claude Lelouch et Pierre Uytterhoeven

Les Aventures de Rabbi Jacob
de Gérard Oury (1973)
écrit par Gérard Oury, Danièle Thompson et Josy Eisenberg

Baby Boss
de Tom McGrath (2017)
écrit par Michael McCullers

Babysitting
de Philippe Lacheau et Nicolas Benamou (2014)
écrit par Philippe Lacheau, Pierre Lacheau, Julien Arruti et Tarek Boudali

Bad Boss
de J.B. Rogers (2011)
écrit par Dan Callahan et Adam Ellison

Bad Teacher
de Jake Kasdan (2011)
écrit par Lee Eisenberg et Gene Stupnitsky

Le Bal des actrices
écrit et réalisé par Maïwenn (2009)

Le Bal des casse-pieds
de Yves Robert (1992)
écrit par Yves Robert et Jean-Loup Dabadie

Le Baltringue
de Cyril Sebas (2010)
écrit par Bibi Naceri, Chris Nahon, Fred B., Cyril Sebas et Vincent Lagaf'

Bananas
de Woody Allen (1971)
écrit par Woody Allen et Mickey Rose

Bancs publics (Versailles rive droite)
de Bruno Podalydès (2009)
écrit par Bruno Podalydès, Olivia Basset et Denis Podalydès

Banzaï
de Claude Zidi (1983)
écrit par Claude Zidi, Didier Kaminka et Michel Fabre

Le Bateau d'Émile
de Denys de la Patellière (1962)
écrit par Denys de La Patellière, Albert Valentin et Michel Audiard

Bienvenue à bord
de Éric Lavaine (2011)
écrit par Éric Lavaine et Héctor Cabello Reyes

Bienvenue chez les Ch'tis
de Dany Boon (2008)
écrit par Dany Boon, Alexandre Charlot et Franck Magnier

The Big Lebowski
écrit et réalisé par Joel et Ethan Coen (1998)

Bigoudis et permanente
écrit et réalisé par Colette Burson (2017)

Les Bijoutiers du clair de lune
de Roger Vadim (1958)
écrit par Jacques Rémy, Roger Vadim, Peter Viertel

Le Bison (et sa voisine Dorine)
de Isabelle Nanty (2003)
écrit par Isabelle Nanty et Fabrice Roger-Lacan

Black mic mac
de Thomas Gilou (1986)
écrit par Thomas Gilou, Monique Annaud, Patrick Braoudé, Cheik Doukouré et François Favre

Les Bleus
de Ivan Reitman (1981)
écrit par Len Blum, Harold Ramis et Daniel Goldberg

The Blues Brothers
de John Landis (1980)
écrit par Dan Aykroyd et John Landis

La Boîte
de Claude Zidi (2001)
écrit par Claude Zidi, Simon Michaël et Didier Kaminka

Bon cop, bad cop
de Érik Canuel (2006)
écrit par Leila Basen, Alex Epstein, Patrick Huard et Kevin Tierney

Le bonheur a encore frappé
écrit et réalisé par Jean-Luc Trotignon (1986)

Bon rétablissement !
de Jean Becker (2014)
écrit par Jean Becker, Jean-Loup Dabadie, Marie-Sabine Roger

La Bonne Année
de Claude Lelouch (1973)
écrit par Claude Lelouch et Pierre Uytterhoeven

Les Bootleggers
de Joseph Sargent (1973)
écrit par William W. Norton

Borat
de Larry Charles (2006)
écrit par Sacha Baron Cohen, Anthony Hines, Peter Baynham et Dan Mazer

Les Boys
de Louis Saia (1997)
écrit par Louis Saia et Christian Fournier

Braquages
écrit et réalisé par David Mamet (2001)

Brice de Nice
de James Huth (2005)
écrit par Karine Angeli, Jean Dujardin et James Huth

Brice 3
de James Huth (2016)
écrit par Jean Dujardin, James Huth et Christophe Duthron

Les Bronzés
de Patrice Leconte (1978)
écrit par la bande du Splendid

Les Bronzés font du ski
de Patrice Leconte (1979)
écrit par la bande du Splendid

Les Bronzés 3 : amis pour la vie
de Patrice Leconte (2006)
écrit par la bande du Splendid

Buffet froid
écrit et réalisé par Bertrand Blier (1979)

Ça va faire mal
de Jean-François Davy (1982)
écrit par Jean-François Davy

Calmos
de Bertrand Blier (1976)
écrit par Bertrand Blier et Philippe Dumarçay

Carambolages
de Marcel Bluwal (1963)
écrit par Pierre Tchernia, Marcel Bluwal, Fred Kassak et Michel Audiard

Le Carrosse d'or
de Jean Renoir (1952)
écrit par Jean Renoir et Ginette Doynnel

Casino Royale
de Martin Campbell (2006)
écrit par Neal Purvis, Robert Wade et Paul Haggis

Casque bleu
de Gérard Jugnot (1994)
écrit par Gérard Jugnot, Christian Biegalski et Philippe Lopes-Curval

Le Casse
de Henri Verneuil (1971)
écrit par Henri Verneuil et Vahé Katcha

Le Cavaleur
de Philippe de Broca (1979)
écrit par Philippe de Broca et Michel Audiard

Le cave se rebiffe
de Gilles Grangier (1961)
écrit par Albert Simonin, Michel Audiard et Gilles Grangier

Celle que j'aime
de Elie Chouraqui (2009)
écrit par Elie Chouraqui et Jean-Marie Duprez

Ce que pensent les hommes
de Ken Kwapis (2009)
écrit par Abby Kohn et Marc Silverstein

César et Rosalie
de Claude Sautet (1972)
écrit par Claude Sautet et Jean-Loup Dabadie

Ces messieurs de la famille
de Raoul André (1967)
écrit par Jacques Dreux

C'est pas parce qu'on a rien à dire qu'il faut fermer sa gueule
de Jacques Besnard (1975)
écrit par Jacques Besnard, Jean Halain, Christian Clavier, Gérard Jugnot et Thierry Lhermitte

C'est quoi, cette famille ?!
de Gabriel Julien-Laferrière (2016)
écrit par Camille Moreau, Olivier Treiner, François Desagnat et Romain Protat

C'était demain
écrit et réalisé par Nicholas Meyer (1979)

Cet obscur objet du désir
de Luis Buñuel (1977)
écrit par Luis Buñuel et Jean-Claude Carrière

Chacun sa vie
de Claude Lelouch (2017)
écrit par Pierre Uytterhoeven, Valérie Perrin, Grégoire Lacroix et Claude Lelouch

La Chasse à l'homme
d'Édouard Molinaro (1964)
écrit par France Roche et Michel Audiard

Le Chat
De Pierre Granier-Deferre (1971)
écrit par Pierre Granier-Deferre et Pascal Jardin

Cherche fiancé tous frais payés
de Aline Issermann (2007)
écrit par Jean-Luc Estèbe, Aline Issermann et Brice-Pascal Renault

Cherchez l'idole
de Michel Boisrond (1964)
écrit par Annette Wademant et Richard Balducci

Chéri, dessine moi un bébé
de Leonard Nimoy (1990)
écrit par Bob Greene, Norman Steinberg et David Frankel

La Chienne
de Jean Renoir (1931)
écrit par Jean Renoir et André Girard

Cinéman
de Yann Moix (2009)
écrit par Yann Moix et Olivier Dazat

Les Cinq Sous de Lavarède
de Maurice Cammage (1939)
écrit par Jean-Louis Bouquet

La Cité de la peur
de Alan Berbérian (1994)
écrit par Alain Chabat, Dominique Farrugia et Chantal Lauby

Clerks
écrit et réalisé par Kevin Smith (1994)

Cliffhanger
de Renny Harlin (1993)
écrit par Michael France, Sylvester Stallone et John Long

Le code a changé
de Danièle Thompson (2009)
écrit par Danièle Thompson et Christopher Thompson

Code Mercury
de Harold Becker (1998)
écrit par Lawrence Konner et Mark Rosenthal

Le Cœur des hommes
écrit et réalisé par Marc Esposito (2003)

Le Cœur des hommes 2
écrit et réalisé par Marc Esposito (2007)

Comme au bon vieux temps
de Jay Sandrich (1980)
écrit par Neil Simon

... Comme elle respire
de Pierre Salvadori (1998)
écrit par Danièle Dubroux, Pierre Salvadori et Marc Syrigas

... Comme la lune
écrit et réalisé par Joël Séria (1977)

Comme une bête
de Patrick Schulmann (1998)
écrit par Patrick Schulmann et Didier Dolna

Comment réussir quand on est con et pleurnichard
de Michel Audiard (1974)
écrit par Michel Audiard et Jean-Marie Poiré

Comment tuer son boss ?
de Seth Gordon (2011)
écrit par Michael Markowitz, John Francis Daley et Jonathan Goldstein

Le Contrat
de John Irvin (1986)
écrit par Gary DeVore et Norman Wexler

Le Correspondant
de Jean-Michel Ben Soussan (2016)
écrit par Stanislas Marsh et Marie-Pauline Denial

Cottage Country
de Peter Wellington (2013)
écrit par Jeremy Boxen

Coup de foudre à Notting Hill
de Roger Michell (1999)
écrit par Richard Curtis

Coup de jeune
de Xavier Gélin (1993)
écrit par Xavier Gélin et Philippe Setbon

Coup de tête
de Jean-Jacques Annaud (1979)
écrit par Francis Veber et Alain Godard

Le Créateur
de Albert Dupontel (1999)
écrit par Albert Dupontel et Gilles Laurent

Créatures féroces
de Fred Schepisi et Robert Young (1997)
écrit par John Cleese et Iain Johnstone

La Crime
de Philippe Labro (1983)
écrit par Philippe Labro et Jean-Patrick Manchette

Le crime est notre affaire
de Pascal Thomas (2008)
écrit par Clémence De Biéville, François Caviglioli et Pascal Thomas

Le Crime farpait
de Alex de la Iglesia (2004)
écrit par Alex de la Iglesia et Jorge Guerricaechevarria

La Crise
écrit et réalisé par Colinne Serreau (1992)

Cyprien
de David Charhon (2009)
écrit par Romain Lévy, Benjamin Guedj, David Charhon et Elie Sémoun

Le Déclin de l'empire américain
écrit et réalisé par Denys Arcand (1986)

De l'autre côté du périph
de David Charhon (2012)
écrit par Julien War, Rémy Four et David Charhon

Demi-sœurs
écrit et réalisé par Saphia Azzeddine et François-Régis Jeanne (2018)

Demolition Man
de Marco Brambilla (1993)
écrit par Peter M. Lenkov, Robert Reneau et Daniel Waters

Le Démon de midi
de Marie-Pascale Osterrieth (2005)
écrit par Marie-Pascale Osterrieth et Michèle bernier

Les Dents de la nuit
de Stephen Cafiero et Vincent Lobelle (2008)
écrit par Jean-Patrick Benès, Allan Mauduit, Matthieu Delaporte, Alexandre de la Patellière, Vincent Lobelle et Stephen Cafiero

De plus belle
écrit et réalisé par Anne-Gaëlle Daval (2017)

Les Démons de Jésus
écrit et réalisé par Bernie Bonvoisin (1997)

Dépression et des potes
écrit et réalisé par Arnaud Lemort (2012)

Le Dernier des géants
de Don Siegel (1976)
écrit par Miles Hood Swarthout et Scott Hale

Le Dernier Samaritain
de Tony Scott (1991)
écrit par Shane Black et Greg Hicks

Les Derniers Jours du disco
écrit et réalisé par Whit Stillman (1998)

Des pissenlits par la racine
de Georges Lautner (1964)
écrit par Georges Lautner, Clarence Weff, Albert Kantof et Michel Audiard

Divine mais dangereuse
de Harald Zwart (2001)
écrit par Stan Seidel

Divorces
de Valérie Guignabodet (2009)
écrit par Valérie Guignabodet et Franck Phillippon

Docteur Strange
de Frank Paur, Patrick Archibald, Richard Sebast et Jay Oliva (2007)
écrit par Greg Johnson et Craig Kyle

Domicile conjugal
de François Truffaut (1970)
écrit par François Truffaut, Claude de Givray et Bernard Revon

Du mouron pour les petits oiseaux
de Marcel Carné (1963)
écrit par Marcel Carné et Jacques Sigurd

Elle boit pas, elle fume pas, elle drague pas, mais… elle cause !
de Michel Audiard (1970)
écrit par Michel Audiard, Michel Lebrun et Jean-Marie Poiré

Elle court, elle court, la banlieue
de Gérard Pirès (1973)
écrit par Nicole de Buron et Gérard Pirès

L'empire contre-attaque
de Irvin Kershner (1980)
écrit par Leigh Brackett, Lawrence Kasdan et George Lucas

Enfin veuve
de Isabelle Mergault (2008)
écrit par Isabelle Mergault et Jean-Pierre Hasson

Ensemble c'est tout
écrit et réalisé par Claude Berri (2007)

L'Entourloupe
de Gérard Pirès (1980)
écrit par Jean Herman et Michel Audiard

Envoyés très spéciaux
de Frédéric Auburtin (2009)
écrit par Simon Michaël et Jacques Labib

Espace détente
de Yvan Le Bolloc'h et Bruno Solo (2005)
écrit par Alexandre et Jérôme Apergis, Frédéric Le Bolloc'h et Jean-Pierre Pascaud

Est-ce bien raisonnable ?
de Georges Lautner (1981)
écrit par Michel Audiard et Jean-Marie Poiré

Et Dieu... créa la femme
de Roger Vadim (1956)
écrit par Roger Vadim et Raoum Lévy

Et la tendresse, bordel ?
écrit et réalisé par Patrick Schulmann (1979)

Expandables 3
de Patrick Hughes (2014)
écrit par Sylvester Stallone, Creighton Rothenberger et Katrin Benedikt

Eyjafjallajôkull
d'Alexandre Coffre (2013)
écrit par Laurent Zeitoun, Yoann Gromb et Alexandre Coffre

Le Fabuleux Destin d'Amélie Poulain
de Jean-Pierre Jeunet (2001)
écrit par Jean-Pierre Jeunet et Guillaume Laurant

Family Business
de Sidney Lumet (1989)
écrit par Vincent Patrick

Fantasia chez les ploucs
écrit et réalisé par Gérard Pirès (1971)

Les Femmes de ses rêves
de Bobby Farrelly, Peter Farrelly (2007)
écrit par Bobby Farrelly, Peter Farrelly, Scot Armstrong, Leslie Dixon et Kevin Barnett

La Fièvre du samedi soir
de John Badham (1977)
écrit par Norman Wexler

La Fille de d'Artagnan
de Bertrand Tavernier (1994)
écrit par Michel Leviant et Jean Cosmos

Filles perdues cheveux gras
de Claude Duty (2002)
écrit par Claude Duty, Jean-Philippe Barrau et Pascale Faure

Le Fils à Jo
écrit et réalisé par Philippe Guillard (2011)

Flic ou voyou
de Georges Lautner (1978)
écrit par Jean Herman et Michel Audiard

Les Flingueuses
de Paul Feig (2013)
écrit par Katie Dippold

La Folie aux trousses
de Sidney Poitier (1982)
écrit par Henry Rosenbaum et David Taylor

Forget Paris
de Billy Cristal (1995)
écrit par Billy Cristal, Lowell Ganz et Babaloo Mandel

Les Fous de la pub
de Tony Bill (1990)
écrit par Mitch Markowitz

Frangins malgré eux
de Adam McKay (2008)
écrit par Will Ferrell, Adam McKay et John C. Reilly

Les Frères Pétard
de Hervé Palud (1986)
écrit par Igor Aptekman et Hervé Palud

Les Gamins
de Anthony Marciano (2013)
écrit par Max Boublil et Anthony Marciano

Garde alternée
écrit et réalisé par Alexandra Leclère (2017)

Garde à vue
de Claude Miller (1981)
écrit par Jean Herman, Claude Miller et Michel Audiard

Gazon maudit
de Josiane Balasko (1995)
écrit par Josiane Balasko et Telsche Boorman

Le Gendarme à New York
de Jean Girault (1965)
écrit par Jean Girault et Jacques Vilfrid

La Gitane
de Philippe de Broca (1986)
écrit par Philippe de Broca et Jean-Loup Hubert

Le Goût des merveilles
écrit et réalisé par Eric Besnard (2016)

Grabuge !
de Jean-Pierre Mocky (2005)
écrit par Jean-Pierre Mocky et André Ruellan

Le Grand Escogriffe
de Claude Pinoteau (1976)
écrit par Michel Audiard et Jean Herman

La Grande Boucle
de Laurent Tuel (2013)
écrit par Romai Protat, Lyes Bélaïdouni et Yohan Levy

La Grande Séduction
de Jean-François Poulliot (2003)
écrit par Kevin Scott

Les Grandes Familles
de Denys de la Patellière (1958)
écrit par Denys de la Patellière et Michel Audiard

Les Grands Ducs
de Patrice Leconte (1996)
écrit par Serge Frydman et Patrice Leconte

Les Grands Frères
de David Wain (2008)
écrit par Paul Rudd, David Wain, Ken Marino, Timothy Dowling et William Blake Herron

Les Gros Bras
de Francis Rigaud (1964)
écrit par Jacques Vilfrid et Claude Viriot

La Guerre des Rose
de Danny DeVito (1989)
écrit par Michael Leeson

Guerre et amour
écrit et réalisé par Wody Allen (1975)

Le Guignolo
de Georges Lautner (1980)
écrit par Jean Herman et Michel Audiard

Harry dans tous ses états
écrit et réalisé par Woody Allen (1997)

Heat
écrit et réalisé par Michael Mann (1995)

Hellboy
de Guillermo del Toro (2004)
écrit par Guillermo del Toro et Peter Briggs

Hitch, expert en séduction
de Andy Tennant (2005)
écrit par Kevin Bisch

Les hommes préfèrent les grosses
de Jean-Marie Poiré (1981)
écrit par Jean-Marie Poiré et Josiane Balasko

Il était une fois un flic
de Georges Lautner (1972)
écrit par Francis Veber et Georges Lautner

Il faut vivre dangereusement
de Claude Makovski (1975)
écrit par Claude Makovski, Nelly Kaplan et Claude Veillot

Les Infidèles
sketch de Emmanuelle Bercot (2012)
écrit par Jean Dujardin, Nicolas Bedos, Philippe Caverivière, Stéphane Joly et Gilles Lellouche

L'inspecteur Harry est la dernière cible
de Buddy Van Horn (1988)
écrit par Steve Sharon, Durk Pearson et Sandy Shaw

Inspecteur la bavure
de Claude Zidi (1980)
écrit par Jean Bouchaud et Claude Zidi

Invasion USA
de Joseph Zito (1985)
écrit par James Brunner et Chuck Norris

Iron Man 3
de Shane Black (2013)
écrit par Shane Black et Drew Pearce

L'Italien
de Olivier Baroux (2010)
écrit par Nicolas Boukhrief, Erc Besnard, Jean-Paul Bathany, Stéphane Ben Lhacene et Olivier Baroux

Je règle mon pas sur le pas de mon père
de Rémi Waterhouse (1999)
écrit par Éric Vicaut et Rémi Waterhouse

Je fais le mort
de Jean-Paul Salomé (2013)
écrit par Jean-Paul Salomé, Jérôme Tonnerre et Cécile Telerman

Je sais rien mais je dirai tout
de Pierre Richard (1973)
écrit par Pierre Richard et Didier Kaminka

Jésus de Montréal
écrit et réalisé par Denys Arcand (1989)

Jeux d'enfants
écrit et réalisé par Yann Samuell (2003)

Le Joli cœur
de Francis Perrin (1984)
écrit par Francis Perrin, Alex Varoux et Paul Claudon

Le Journal de Bridget Jones
de Sharon Maguire (2001)
écrit par Helen Fielding, Andrew Davies et Richard Curtis

Joyeuses Pâques
de Georges Lautner (1984)
écrit par Jean Poiret et Georges Lautner

Jules et Jim
de François Truffaut (1962)
écrit par François Truffaut et Jean Gruault

Jumpin' Jack Flash
de Penny Marshall (1986)
écrit par David H. Franzoni, J.W. Melville, Patricia Irving et Christopher Thompson

Jurassic Park
de Steven Spielberg (1993)
écrit par Michael Crichton et David Koepp

Kickboxer : Vengeance
de John Stockwell (2016)
avec Dimitri Logothetis et Jim McGrath

Kill Bill Volume 2
écrit et réalisé par Quentin Tarantino (2004)

Killer Elite
de Gary McKendry (2011)
écrit par Gary McKendry et Matt Sherring

Killer Joe
de William Friedkin (2012)
écrit par Tracy Letts

Kiss Kiss Bang Bang
écrit et réalisé par Shane Black (2005)

La Loi de Murphy
de Jack Lee Thompson (1986)
écrit par Gail Morgan Hickman

LOL (Laughing Out Loud)
de Liza Azuelos (2009)
écrit par Liza Azuelos et Nans Delgado

Lolo
de Julie Delpy (2015)
écrit par Julie Delpy et Eugénie Grandval

Love (et ses petits désastres)
écrit et réalisé par Alek Keshishian (2006)

Madame Édouard
de Nadine Monfils (2004)
écrit par Nadine Monfils et Patrick Ligardes

Ma femme est une actrice
écrit et réalisé par Yvan Attal (2001)

Le Magnifique
de Philippe de Broca (1973)
écrit par Francis Veber, Philippe de Broca et Jean-Paul Rappeneau

Magnum Force
de Ted Post (1973)
écrit par John Milius et Michael Cimino

Maintenant on l'appelle Plata
de Giuseppe Colizzi (1972)
écrit par Barbara Alberti, Giuseppe Colizzi et Amedeo Pagani

Le Maître d'école
de Claude Berri (1981)
écrit par Claude Berri et Jules Celma

La Mandarine
de Édouard Molinaro (1971)
écrit par Édouard Molinaro et Christine de Rivoyre

Manon des sources
de Claude Berri (1986)
écrit par Claude Berri et Gérard Brach

Mariages !
de Valérie Guignabodet (2004)
écrit par Valérie Guignabodet

Les Maris, les femmes, les amants
de Pascal Thomas (1989)
écrit par François Caviglioli et Pascal Thomas

Marius
de Alexander Korda (1931)
écrit par Marcel Pagnol

Les Marmottes
de Eli Chouraqui (1993)
écrit par Eli Chouraqui et Danièle Thompson

Massacre en dentelles
de André Hunebelle (1952)
écrit par Michel Audiard

Les Mauvaises Herbes
de Louis Bélanger (2016)
écrit par Louis Bélanger et Alexis Martin

Max et Jérémie
de Claire Devers (1992)
écrit par Bernard Stora et Claire Devers

Max et les ferrailleurs
de Claude Sautet (1971)
écrit par Claude Sautet, Jean-Loup Dabadie et Claude Néron

Mes chers amis
de Mario Monicelli (1975)
écrit par Leonardo Benvenuti et Piero De Bernardi

Mes Copines
de Sylvie Aime (2006)
écrit par Joanne Gigern et Sylvie Aime

Mes meilleures amies
de Paul Feig (2016)
écrit par Kristen Wiig et Annie Mumolo

Mes meilleurs copains
de Jean-Marie Poiré (1989)
écrit par Jean-Marie Poiré et Christian Clavier

Mes trésors
de Pascal Bourdiaux (2017)
écrit par Carole et Michèle Giacobbi

La Métamorphose des cloportes
de Pierre Granier-Deferre (1965)
écrit par Michel Audiard et Albert Simonin

Métisse
écrit et réalisé par Mathieu Kassovitz (1993)

Meurs un autre jour
de Lee Tamahori (2002)
écrit par Neal Purvis et Robert Wade

Meurtre au soleil
de Guy Hamilton (1982)
écrit par Anthony Shaffer

Midnight Run
de Martin Brest (1988)
écrit par George Gallo

Mindhorn
de Sean Foley (2016)
écrit par Julian Barratt et Simon Farnaby

Le miroir se brisa
de Guy Hamilton (1980)
écrit par Barry Sandler et Jonathan Hales

Mme Mills, une voisine si parfaite
écrit et réalisé par Sophie Marceau (2018)

Mon boss, sa fille et moi
de David Zucker (2003)
écrit par David Dorfman

Mon idole
de Guillaume Canet (2002)
écrit par Guillaume Canet, Philippe Lefebvre et Eric Naggar

Mon nom est Shanghai Joe
de Mario Caiano (1973)
écrit par Carlo Alberto Alfieri, Mario Caiano et Fabrizio Trifone Trecca

Mon oncle Benjamin
de Édouard Molinaro (1969)
écrit par André Couteaux, Jean-Francois Hauduroy et Édouard Molinaro

Mon pire cauchemar
de Anne Fontaine (2011)
écrit par Anne Fontaine et Nicolas Mercier

Moonraker
de Lewis Gilbert (1979)
écrit par Christopher Wood

Mort d'un pourri
de Georges Lautner (1977)
écrit par Michel Audiard

Mr. Majestyk
de Richard Fleischer (197)
écrit par Elmore Leonard

Narco
de Tristan Aurouet et Gilles Lellouche (2004)
écrit par Gilles Lellouche

The Nice Guys
de Shane Black (2016)
écrit par Anthony Bagarozzi et Shane Black

Le Nom des gens
de Michel Leclerc (2010)
écrit par Baya Kasmi et Michel Leclerc

Nos 18 ans
de Frédéric Berthe (2008)
écrit par Éric Assous

Nous irons tous au paradis
de Yves Robert (1977) écrit par Yves Robert et Jean-Loup Dabadie

Octopussy
de John Glen (1983)
écrit par George McDonald Fraser, Richard Maibaum et Michael G. Wilson

L'Ombre blanche
de John Gray (1996)
écrit par Kevin Brodbin

On a volé la cuisse de Jupiter
de Philippe de Broca (1980)
écrit par Michel Audiard et Philippe de Broca

On ne vit que deux fois
de Lewis Gilbert (1967)
écrit par Roald Dahl

On s'fait la valise, docteur !
de Peter Bogdanovich (1972)
écrit par Peter Bogdanovich, Buck Henry, Robert Benton et David Newman

L'Oncle Buck
écrit et réalisé par John Hugues (1989)

OSS 117 Le Caire nid d'espions
de Michel Hazanavicius (2006)
écrit par Jean-François Halin et Michel Hazanavicius

Ouvert la nuit
de Édouard Baer (2016)
écrit par Édouard Baer et Benoît Graffin

Le Pacha
de Georges Lautner (1968)
écrit par Georges Lautner, Albert Simonin et Michel Audiard

La Panthère rose
de Shawn Levy (2006)
écrit par Len Blum, Steve Martin et Michael Saltzman

Parker
de Taylor Hackford (2013)
écrit par John J. McLaughlin

Pas d'amour sans amour
écrit et réalisé par Evelyne Dress (1993)

Passager 57
de Kevin Hooks (1992)
écrit par David Loughery et Dan Gordon

Passe passe
écrit et réalisé par Tonie Marshall (2008)

Pédale dure
de Gabriel Aghion (2005)
écrit par Gabriel Aghion et Bertrand Blier

Pépé le Moko
de Julien Duvivier (1937)
écrit par Jacques Constant, Julien Duvivier et Henri Jeanson

Le Père Noël est une ordure
de Jean-Marie Poiré (1982)
écrit par Jean-Marie Poiré et l'équipe du Splendid

Le Permis de conduire
de Jean Girault (1974)
écrit par Jacques Vilfrid

La Petite Vertu
de Serge Korber (1968)
écrit par Michel Audiard et Claude Sautet

Piège en eaux troubles
de Rowdy Herrington (1993)
écrit par Rowdy Herrington et Marty Kaplan

Les Pièges de Broadway
de Robert Mulligan (1960)
écrit par Garson Kanin

Pink Cadillac
de Buddy Van Horn (1989)
écrit par John Eskow

Pinot simple flic
de Gérard Jugnot (1984)
écrit par Pierre Geller, Christian Biegalski, Gérard Jugnot et Robin Katz

Le Placard
écrit et réalisé par Francis Veber (2001)

Plein les poches... pour pas un rond
de Daniel Daërt (1978)
écrit par Daniel Daërt, Robert Berri et Jacques Vilfrid

Les Pleins Pouvoirs
de Clint Eastwood (1997)
écrit par William Goldman

Plus beau que moi tu meurs
de Philippe Clair (1982)
écrit par Philippe Clair et Bruno Tardon

Le Plus Escroc des deux
de Frank Oz (1988)
écrit par Dale Launer, Stanley Shapiro et Paul Henning

Podium
de Yann moix (2004)
écrit par Yann Moix, Olivier Dazat et Arthur-Emmanuel Pierre

Police Academy 2 : au boulot !
de Jerry Paris (1985)
écrit par Barry Blaustein et David Sheffield

Police Python 357
de Alain Corneau (1976)
écrit par Alain Corneau et Daniel Boulanger

Porte des Lilas
de René Clair (1957)
écrit par René Clair et Jean Aurel

Les Portes de la gloire
de Christian Merret-Palmair (2001)
écrit par Christian Merret-Palmair, Pascal Lebrun et Benoît Poelvoorde

Potiche
de François Ozon (2010)
écrit par François Ozon d'après Pierre Barillet et Jean-Pierre Grédy

Le Poulpe
de Guillaume Nicloux (1998)
écrit par Guillaume Nicloux, Jean-Bernard Pouy et Patrick Raynal

Pour 100 briques, t'as plus rien...
de Édouard Molinaro (1982)
écrit par Didier Kaminkan et Edouard Molinaro

Pourquoi viens-tu si tard ?
de Henri Decoin (1959)
écrit par Henri Decoin, Pierre Roustang et Albert Valentin

Le premier qui l'a dit
de Ferzan Ozpetek (2010)
écrit par Ivan Cotroneo et Ferzan Ozpetek

Préparez vos mouchoirs
écrit et réalisé par Bertrand Blier (1978)

Priscilla, folle du désert
écrit et réalisé par Stephan Elliott (1994)

Les Professionnels
écrit et réalisé par Richard Brooks (1966)

P.R.O.F.S.
de Patrick Schulmann (1985)
écrit par Patrick Schulmann et Didier Dolna

Protection rapprochée
de Peter Hunt (1987)
écrit par Richard Sale

Le Quai des brumes
de Marcel Carné (1938)
écrit par Jacques Prévert

Quai d'Orsay
de Bertrand Tavernier (2013)
écrit par Bertrand Tavernier, Christophe Blain et Antonin Baudry

Quand c'est parti, c'est parti
de Denis Héroux (1973)
écrit par Jacques Lanzmann, Gilles Richer et Jean Salvy

Quand faut y aller, faut y aller
de E.B. Clucher (1983)
écrit par Marco Barboni

Quand Harry rencontre Sally
de Rob Reiner (1989)
écrit par Nora Ephron

Le Quart d'heure américain
de Philippe Galland (1982)
écrit par Philippe Galland et Gérard Jugnot

Quasimodo d'El Paris
de Patrick Timsit (1999)
écrit par Patrick Timsit, Jean-François Halin et Raffy Shart

Quatre Garçons pleins d'avenir
de Jean-Paul Lilienfeld (1997)
écrit par Jean-Patrick Bénès, Laurent Molinaro et Jean-Paul Lilienfeld

Quatre Mariages et un enterrement
de Mike Newell (1993)
écrit par Richard Curtis

Que la bête meure
de Claude Chabrol (1969)
écrit par Paul Gégauff et Claude Chabrol

Que les gros salaires lèvent le doigt !
de Denys Granier-Deferre (1982)
écrit par Jean-Marc Roberts, Denys Granier-Deferre et Yves Stavrides

Quoi de neuf, Pussycat ?
de Clive Donner (1965)
écrit par Woody Allen

Rambo
de Ted Kotcheff (1982)
écrit par David Kozoll, William Sackheim et Sylvester Stallone

Rambo III
de Peter MacDonald (1988)
écrit par Sylvester Stallone et Sheldon Lettich

Les Reines du ring
de Jean-Marc Rudnicki (2013)
écrit par Manon Dillys, Hélène Le Gal et Marie Pavlenko

Rendez-moi ma peau
écrit et réalisé par Patrick Schulmann (1980)

Repas de famille
de Pierre-Henry Salfati (2014)
écrit par Éric Carrière, Jean-Marc Longval, Pierre-Henry Salfati

Retour à la fac
de Todd Phillips (2003)
écrit par Todd Phillips et Scot Armstrong et Court Crandall

Réveillon chez Bob
de Denys Granier-Deferre (1984)
écrit par Jacques Audiard et Denys Granier-Deferre

Ricky Bobby : roi du circuit
de Adam McKay (2006)
écrit par Will Ferrell et Adam McKay

Rien ne va plus
écrit et réalisé par Claude Chabrol (1997)

Les Rivières pourpres
Mathieu Kassovitz (2000)
écrit par Mathieu Kassovitz et Jean-Christophe Grangé

Les Rois du patin
de Will Speck et Josh Gordon (2007)
écrit par Jeff et Craig Cox, John Atschuler et Dave Krinsky

Rolling Thunder
de John Flynn (1977)
écrit par Paul Schrader et Heywood Gould

RRRrrrr !!!
de Alain Chabat (2004)
écrit par les Robin des bois

San-Antonio
de Frédéric Auburtin (2004)
écrit par Laurent Touil-Tartour

La Sanction
de Clint Eastwood (1975)
écrit par Hal Dresner, Warren Murphy et Rod Whitaker

Sanglantes confessions
de Ulu Grosbard (1981)
écrit par John Gregory Dunne et Joan Didion

Le Sang à la tête
de Gilles Grangier (1956)
écrit Gilles Grangier et Michel Audiard

Scarface
de Brian de Palma (1983)
écrit par Oliver Stone

Le Schpountz
écrit et réalisé par Marcel Pagnol (1938)

Le Seigneur des anneaux : la communauté de l'anneau
de Peter Jackson (2001)
écrit par Peter Jackson, Fran Walsh et Philippa Boyens

Sex Shop
écrit et réalisé par Claude Berri (1972)

Sicario
de Denis Villeneuve (2015)
écrit par Taylor Sheridan

Signes extérieurs de richesse
de Jacques Monnet (1983)
écrit par Alain Godard et Jacques Monnet

La Sirène du Mississippi
écrit et réalisé par François Truffaut (1969)

Snatch
écrit et réalisé par Guy Ritchie (2000)

Le Soleil des voyous
de Jean Delannoy (1967)
écrit par Alphonse Boudard et Jean Delannoy

SOS Fantômes
de Ivan Reitman (1984)
écrit par Dan Aykroyd et Harold Ramis

SOS Fantômes
de Paul Feig (2016)
écrit par Paul Feig et Katie Dippold

Source Code
de Duncan Jones (2011)
écrit par Ben Ripley

Le Sourire
écrit et réalisé par Claude Miller (1994)

Les Sous-doués
de Claude Zidi (1980)
écrit par Claude Zidi, Didier Kaminka et Michel Fabre

Sous le même toit
de Dominique Farrugia (2017)
écrit par Dominique Farrugia et Laurent Turner

Stand By Me
de Rob Reiner (1986)
écrit par Raynold Gideon et Bruce A. Evans

Starbuck
de Kevin Scott (2011)
écrit par Kevin Scott et Martin Petit

Star Wars VII : le réveil de la force
de J. J. Abrams (2015)
écrit par J. J. Abrams, Lawrence Kasdan et Michael Arndt

Subway
de Luc Besson (1985)
écrit par Pierre Jolivet, Alain Le Henry, Marc Perrier, Sophie Schmit et Luc Besson

Le Sucre
de Jacques Rouffio (1980)
écrit par Jacques Rouffio et Georges Conchon

Sudden Impact – le retour de l'Inspecteur Harry
de Clint Eastwood (1983)
écrit par Joseph C. Stinson

Suicide Squad
écrit et réalisé par David Ayer (2016)

Supercondriaque
écrit et réalisé par Dany Boon (2014)

Supernichons contre mafia
de Doris Wishman (1974)
écrit par Judy J. Kushner et Doris Wishman

Tandem
de Patrice Leconte (1987)
écrit par Patrick Dewolf et Patrice Leconte

Tatie Danielle
de Étienne Chatiliez (1990)
écrit par Étienne Chatiliez et Florence Quentin

Le Tatoué
de Denys de la Patellière (1968)
écrit par Pascal Jardin

Taxi 2
de Gérard Krawczyk (2000)
écrit par Luc Besson

Tendre Voyou
de Jean Becker (1966)
écrit par Jean Becker, Albert Simonin et Jean Becker

Tenue correcte exigée
de Philippe Lioret (1997)
écrit par Philippe Lioret, Jean-Louis Leconte et Sandra Joxe

Tenue de soirée
écrit et réalisé par Bertrand Blier (1986)

Tête à claques
de Francis Perrin (1982)
écrit par Francis Perrin, Alex Varoux et Paul Claudon

La Tête dans le sac
écrit et réalisé par Gérard Lauzier (1984)

Les Têtes de l'emploi
de Alexandre Charlot et Franck Magnier (2016)
écrit par Nicolas Ragni et Charles Hudon

Tir groupé
de Jean-Claude Missiaen (1982)
écrit par Jean-Claude Missiaen et Claude Veillot

Tombe les filles et tais-toi
de Herbert Ross (1972)
écrit par Woody Allen

Le Tonnerre de Dieu
de Denys de la Patellière (1965)
écrit par Pascal Jardin et Denys de la Patellière

Les Tontons flingueurs
de Georges Lautner (1963)
écrit par Michel Audiard et Abert Simonin

Topaze
écrit et réalisé par Marcel Pagnol (1951)

Torrente
écrit et réalisé par Santiago Segura (1998)

Total Western
de Eric Rochant (2000)
écrit par Eric Rochant et Laurent Chalumeau

La Totale !
de Claude Zidi (1991)
écrit par Didier Kaminka, Simon Michaël et Claude Zidi

Tout le monde debout
écrit et réalisé par Franck Dubosc (2018)

Toutes les filles sont folles
de Pascale Pouzadoux (2003)
écrit par Pascale Pouzadoux, Antoine Duléry et Marie-Laure Berthelin

La Très Très Grande Entreprise
de Pierre Jolivet (2008)
écrit par Pierre Jolivet et Simon Mickaël

Trois hommes à abattre
de Jacques Deray (1980)
écrit par Jacques Deray, Alain Delon et Christopher Frank

Les Trois Mousquetaires et demi
de Gilberto Martínez Solares (1957)
écrit par Gilberto Martínez Solares et Alejandro Verbitzky

Trois Zéros
de Fabien Onteniente (2002)
écrit par Fabien Onteniente, Emanuel Booz et Philippe Guillard

Le Troisième Homme
de Carol Reed (1949)
écrit par Graham Greene

True Lies
écrit et réalisé par James Cameron (1994)
écrit par James Cameron d'après Didier Kaminka, Simon Michaël et Claude Zidi

Les Truffes
de Bernard Nauer (1995)
écrit par Philippe de Chauveron et Bernard Nauer

Turf
de Fabien Onteniente (2013)
avec Pierre Bénichou, Emmanuel Booz, Philippe Guillard et Fabien Onteniente

L'Un dans l'autre
de Bruno Chiche (2017)
écrit par Bruno Chiche, Nicolas Mercier et Fabrice Roger-Lacan

Un éléphant ça trompe énormément
de Yves Robert (1976)
écrit par Yves Robert et Jean-Loup Dabadie

Un grand cri d'amour
écrit et réalisé par Josiane Balasko (1998)

Un idiot à Paris
de Serge Korber (1967)
Serge Korber, Jean Vermorel et Michel Audiard

Un poisson nommé Wanda
de Charles Crichton (1988)
écrit par John Cleese et Charles Crichton

Un singe en hiver
de Henri Verneuil (1962)
écrit par François Boyer, Henri Verneuil et Michel Audiard

Un ticket pour l'espace
de Eric Lartigau (2006)
écrit par Kad Merad, Olivier Baroux et Julien Rappeneau

Une belle fille comme moi
de François Truffaut (1972)
écrit François Truffaut et Jean-Loup Dabadie

Une chance sur deux
de Patrice Leconte (1998)
écrit par Patrick Dewolf, Serge Frydman et Patrice Leconte

Une heure de tranquilité
de Patrice Leconte (2014)
écrit par Florian Zeller

Une journée de fous
de Howard Zieff (1989)
écrit par Jon Connolly et David Loucka

Une journée en enfer
de John McTiernan (1995)
écrit par Jonathan Hensleigh

Une petite zone de turbulences
de Alfred Lot (2010)
écrit par Alfred Lot et Michel Blanc

Une veuve en or
de Michel Audiard (1969)
écrit par Michel Audiard et Jean-Marie Poiré

L'Union sacrée
de Alexandre Arcady (1989)
écrit par Alexandre Arcady, Daniel Saint-Hamont et Pierre Aknine

Les Vengeurs Ultimate
de Curt Geda et Steven E. Gordon (2006)
écrit par Greg Johnson

La vérité si je mens
de Thomas Gilou (1997)
écrit par Gérard Bitton et Michel Munz

La vérité si je mens 2
de Thomas Gilou (2001)
écrit par Gérard Bitton et Michel Munz

Very Bad Cops
de Adam McKay (2010)
écrit par Chris Henchy et Adam McKay

Very Bad Dads 2
de Sean Anders (2017)
écrit par Sean Anders et John Morris et Brian Burns

Les Vieux de la vieille
de Gilles Grangier (1960)
écrit par René Fallet, Gilles Grangier et Michel Audiard

Le Village
de M. Night Shyamalan (2004)
écrit par M. Night Shyamalan

Vincent, François, Paul et les autres...
de Claude Sautet (1974)
écrit par Jean-Loup Dabadie, Claude Néron et Claude Sautet

Les Visiteurs
de Jean-Marie Poiré (1993)
écrit par Jean-Marie Poiré et Christian Clavier

Voici le temps des assassins
de Julien Duvivier (1956)
écrit par Maurice Bessy, Charles Dorat, Julien Duvivier, Charles Dorat et Pierre-Aristide Bréal

Wolf
de Mike Nichols (1994)
écrit par Jim Harrison et Wesley Strick

Wolverine : le combat de l'immortel
de James Mangold (2013)
écrit par Scott Frank et Mark Bomback

Woody et les robots
de Woody Allen (1973)
écrit par Woody Allen et Marshall Brickman

X-Men Apocalypse
de Bryan Singer (2016)
écrit par Simon Kinberg, Bryan Singer, Michael Dougherty et Dan Harris

X-Men : Days of Future Past
de Bryan Singer (2014)
écrit par Simon Kinberg et Matthew Vaughn

Y a-t-il un flic pour sauver la reine ?
de David Zucker (1988)
écrit par Jerry Zucker, Jim Abrahams, David Zucker et Pat Proft

Y a-t-il un flic pour sauver le président ?
de David Zucker (1991)
écrit par Jerry Zucker et Pat Proft

Y a-t-il un Français dans la salle ?
de Jean-Pierre Mocky (1982)
écrit par Jean-Pierre Mocky et Frédéric Dard

Du même auteur

Amicalement Vôtre, l'oisiveté au service du bien, DLM, 1995

Pleins Feux sur… Starsky & Hutch, co-écrit avec Pierre Bannier, Horizon Illimité, 2005

Pleins Feux sur… la Panthère rose, Horizon Illimité, 2005

OSS 117 – les dossiers secrets, Gaumont Vidéo, 2005

Les Nombreuses Vies de James Bond, ouvrage collectif, Les Moutons Électriques, 2007

Sean Flynn, l'instinct de l'aventure, Éditions du Rocher, 2011

Tintin, Hergé et le cinéma, Democratic Books, 2011

Les Grandes Gueules du cinéma français, Express Roularta, 2012

Le Cinéma de ma jeunesse, co-écrit avec Laurent Chollet et Armelle Leroy, Hors Collection, 2012

Répliques de films à l'usage du quotidien, Express Roularta, 2013

L'Univers des Tontons flingueurs, First, 2013

101 voitures mythiques du cinéma, Opportun, 2014

Les 100 films les plus populaires du cinéma français, First, 2015

365 répliques cultes de films expliquées, Chêne, 2015

200 infos incroyables mais vraies sur le cinéma, First, 2015

Le Petit Livre de James Bond, First, 2015

Pourquoi Sherlock s'appelle Sherlock, Omnibus, 2016

Le Petit Livre des Super-héros, First, 2016

Le Petit Livre des Bronzés, First, 2016

600 répliques de films à l'usage du quotidien, Dunod, 2016, 2020

Inapte mais pas réformé, Amazon, 2016

Le Paris de Michel Audiard, Parigramme, 2017

Touche pas au grisbi, salope !, Dunod, 2017

Le Petit Livre de Star Wars, First, 2017

Goscinnyscope, Dunod, 2017

Le Paris de François Truffaut, Parigramme, 2018

Paris 100 films de légende, Parigramme, 2018

Parler comme un super-héros, Dunod, 2018

Arrête de ramer, t'attaques la falaise !, Dunod, 2019

Rock'n'Paris, Parigramme, 2019

Ça tourne mal ! L'histoire méconnue et tumultueuse du cinéma français, La Tengo, 2019

Sous la casquette de Michel Audiard, Dunod, 2020

Louis de Funès à Paris, Parigramme, 2020

Tarantino Reservoir Films, Omaké Books, 2020

Michel Audiard, le livre petit mais costaud, Hugo Image, 2020

300 anecdotes de tournage, Hugo Image, 2020

http://philippelombard.e-monsite.com

81410 - (I) - SOP 90° - NOC - MPN
Imprimerie CHIRAT - 42540 Saint-Just-la-Pendue
Dépôt légal : septembre 2020 - Dépôt légal de la 1re édition : octobre 2016
N° 202007.0341

Imprimé en France